中国铁建股份有限公司企业标准

桥梁转体技术规程

Technical Specification for Bridge Swivel Construction

Q/CRCC 23202—2023

主编单位：中铁十一局集团有限公司
　　　　　中铁第五勘察设计院集团有限公司
批准单位：中国铁建股份有限公司
施行日期：2024 年 5 月 1 日

人民交通出版社股份有限公司
2024·北京

图书在版编目（CIP）数据

桥梁转体技术规程／中铁十一局集团有限公司，中铁第五勘察设计院集团有限公司主编．— 北京：人民交通出版社股份有限公司，2024.2
ISBN 978-7-114-19329-3

Ⅰ.①桥… Ⅱ.①中…②中… Ⅲ.①桥梁施工—转体施工—技术规范 Ⅳ.①U445.465-65

中国国家版本馆 CIP 数据核字（2024）第 027388 号

标准类型：	中国铁建股份有限公司企业标准
标准名称：	桥梁转体技术规程
标准编号：	Q/CRCC 23202—2023
主编单位：	中铁十一局集团有限公司
	中铁第五勘察设计院集团有限公司
责任编辑：	李　娜
责任校对：	孙国靖　刘　璇
责任印制：	刘高彤
出版发行：	人民交通出版社股份有限公司
地　　址：	（100011）北京市朝阳区安定门外外馆斜街 3 号
网　　址：	http://www.ccpcl.com.cn
销售电话：	(010)59757973
总 经 销：	人民交通出版社股份有限公司发行部
经　　销：	各地新华书店
印　　刷：	北京印匠彩色印刷有限公司
开　　本：	880×1230　1/16
印　　张：	6.75
字　　数：	151 千
版　　次：	2024 年 2 月　第 1 版
印　　次：	2024 年 2 月　第 1 次印刷
书　　号：	ISBN 978-7-114-19329-3
定　　价：	52.00 元

（有印刷、装订质量问题的图书，由本公司负责调换）

中国铁建股份有限公司文件

中国铁建科创〔2023〕99号

关于发布《高速铁路轨道及线下结构服役状态监测技术规程》等12项中国铁建企业技术标准的通知

各区域总部，所属各单位、各直管项目部：

现批准发布《高速铁路轨道及线下结构服役状态监测技术规程》（Q/CRCC 12501—2023）、《铁路工程布袋注浆桩技术规程》（Q/CRCC 13101—2023）、《城市轨道交通信息模型施工应用指南（土建部分）》（Q/CRCC 32301—2023）、《河道生态治理技术规程》（Q/CRCC 33701—2023）、《铁路物联网信息通信总体框架》（Q/CRCC 13801—2023）、《轨道交通接触网大数据基本要求》（Q/CRCC 13701—2023）、《接触网在线监测信息感知装置》（Q/CRCC 13702—2023）、《桥梁转体技术规程》（Q/CRCC 23202—2023）、《铁路隧道机械化施工技术指南》（Q/CRCC 13301—2023）、《装配式挡土墙技术规程》（Q/CRCC 23303—2023）、《农村公路桥梁技术指南》（Q/CRCC 23203—2023）和《工程施工废弃物再生集料应用技术标准》（Q/CRCC 23304—2023），自2024年5月1日起实施。

以上标准由人民交通出版社股份有限公司出版发行。

中国铁建股份有限公司

2023年11月10日

前 言

本标准是根据中国铁建股份有限公司《关于下达2022年中国铁建企业技术标准编制计划的通知》（中国铁建科创函设〔2022〕15号）的要求，由中铁十一局集团有限公司和中铁第五勘察设计院集团有限公司会同有关单位共同编制完成。

本标准编制过程中，编制组进行了深入调查研究，系统地总结工程实践经验，广泛征求有关单位和专家意见，并与相关标准进行了协调，经反复讨论、修改，由中国铁建股份有限公司科技创新部审查定稿。

本标准共分10章和2个附录，主要技术内容包括：1 总则；2 术语和符号；3 基本规定；4 转体系统设计；5 转体装置制作与运输；6 转体结构施工；7 转体与控制；8 转体施工监控；9 施工质量标准；10 安全与环境保护。

本标准由中铁十一局集团有限公司、中铁第五勘察设计院集团有限公司、中船双瑞（洛阳）特种装备股份有限公司负责具体技术内容的解释，由中国铁建股份有限公司科技创新部负责管理。规程执行过程中如有意见或者建议，请寄送至中铁十一局集团有限公司（地址：湖北省武汉市武昌区中山路277号中铁大厦；邮编：430061；电子邮箱：121632175@qq.com），以供今后修订时参考。

主 编 单 位：中铁十一局集团有限公司
中铁第五勘察设计院集团有限公司

参 编 单 位：中船双瑞（洛阳）特种装备股份有限公司

主要起草人员：周　晗　李　明　梁志新　唐达昆　万　鹏　杜军良
梅慧浩　周旭辉　王　冰　罗九林　何平根　周衍领
杨少宏　付菊平　孙浩林　王风培　栾紫明　刘宗乐
朵君泰　李　臣　熊　魂　朱　雄　谢　舫　胡宗衫
李鼎明　刘　珂

主要审查人员：徐惠纯　刘　纲　张永水　宁伯伟　罗力军　寇海军
张立超　贾卫中　张文学　代敬辉　贾志武　张立青
李凤伟　李盼到　焦亚萌　贾优秀　孙建新　曹同来
何　巍　班新林　高静青

目 次

1 总则 ·· 1
2 术语和符号 ·· 2
  2.1 术语 ·· 2
  2.2 符号 ·· 4
3 基本规定 ··· 7
4 转体系统设计 ··· 8
  4.1 一般规定 ·· 8
  4.2 单点支承平转系统 ·· 10
  4.3 多点支承平转系统 ·· 22
  4.4 竖转系统 ·· 26
5 转体装置制作与运输 ··· 34
  5.1 一般规定 ·· 34
  5.2 中心转铰制作 ·· 35
  5.3 滑道及其定位骨架制作 ·· 39
  5.4 砂箱制作 ·· 40
  5.5 平转动力系统制作 ·· 41
  5.6 撑脚及辅助支承制作 ··· 41
  5.7 竖转铰座制作 ·· 42
  5.8 竖转起重动力系统制作 ·· 42
  5.9 转体装置运输 ·· 43
6 转体结构施工 ··· 44
  6.1 一般规定 ·· 44
  6.2 单点支承平转系统施工 ·· 44
  6.3 多点支承平转系统施工 ·· 51
  6.4 竖转临时结构验算 ·· 55
  6.5 竖转系统施工 ·· 57
7 转体与控制 ·· 61
  7.1 一般规定 ·· 61
  7.2 转体准备 ·· 61

7.3 平转称重试验及配重 ·· 62
7.4 单点支承平转 ·· 63
7.5 多点支承平转 ·· 68
7.6 竖转 ··· 69

8 转体施工监控 ·· 72
8.1 一般规定 ·· 72
8.2 监测内容与方法 ··· 73
8.3 数据处理与反馈 ··· 73
8.4 监测管理 ·· 75

9 施工质量标准 ·· 76
9.1 一般规定 ·· 76
9.2 质量标准 ·· 76

10 安全与环境保护 ·· 80
10.1 一般规定 ··· 80
10.2 安全管理 ··· 81
10.3 环境保护 ··· 84

附录 A 称重试验 ·· 85

附录 B 称重试验记录 ··· 88

本规程用词说明 ··· 90

引用标准规范名录 ·· 91

涉及专利和专有技术名录 ·· 93

Contents

1 General ·· 1
2 Terms and Symbols ··· 2
   2.1 Terms ·· 2
   2.2 Symbols ··· 4
3 Basic Provisions ·· 7
4 Swivel System Design ·· 8
   4.1 General Provisions ··· 8
   4.2 Single Point Support Horizontal Swivel System ··· 10
   4.3 Multipoint Support Horizontal Swivel System ·· 22
   4.4 Vertical Swivel System ··· 26
5 Fabrication and Transportation of Swivel Devices ·· 34
   5.1 General Provisions ··· 34
   5.2 Fabrication of Center Hinge ·· 35
   5.3 Fabrication of Slideway and its Positioning Framework ······························ 39
   5.4 Fabrication of Sand Box ·· 40
   5.5 Fabrication of Horizontal Swivel Dynamical System ··································· 41
   5.6 Fabrication of Supports and Auxiliary Supports ·· 41
   5.7 Fabrication of Vertical Hinge Base ··· 42
   5.8 Fabrication of Vertical Hoisting Dynamical System ···································· 42
   5.9 Transportation of Swivel Device ··· 43
6 Swivel System Construction ·· 44
   6.1 General Provisions ··· 44
   6.2 Construction of Single Point Support Dynamical System ···························· 44
   6.3 Construction of Multipoint Support Horizontal Swivel System ··················· 51
   6.4 Vertical Swivel Temporary Structure Verification Calculation ···················· 55
   6.5 Construction of Vertical Swivel System ··· 57
7 Swivel and Control ·· 61
   7.1 General Provisions ··· 61
   7.2 Swivel Preparation ··· 61

7.3	Horizontal Swivel Weighing Test and Counterweight	62
7.4	Single Point Support Horizontal Swivel	63
7.5	Multipoint Support Horizontal Swivel	68
7.6	Vertical Swivel	69
8	**Swivel Construction Monitoring**	**72**
8.1	General Provisions	72
8.2	Monitoring Contents and Methods	73
8.3	Data Processing and Application	73
8.4	Monitoring Management	75
9	**Construction Quality Standards**	**76**
9.1	General Provisions	76
9.2	Quality Standards	76
10	**Safety and Environmental Protection**	**80**
10.1	General Provisions	80
10.2	Safety Management	81
10.3	Environmental Protection	84

Appendix A   Weighing Test ············· 85

Appendix B   Lifting Force and Displacement Record Form of Weighing Test ······ 88

Description of Wording in This Specification ············· 90

List of Quoted Standards and Specifications ············· 91

List of Quoted Patents and Proprietary Technologies ············· 93

1 总则

1.0.1 为统一桥梁转体系统设计、施工及质量验收技术规定，满足安全可靠、经济合理、技术先进、确保质量的要求，制定本规程。

1.0.2 本规程适用于铁路、公路及市政工程中桥梁转体系统设计、施工及质量验收。

1.0.3 桥梁转体系统设计应体现环保节能、永临结合的原则。

1.0.4 桥梁转体系统设计、施工及质量验收除应符合本规程外，尚应符合国家现行有关标准和中国铁建股份有限公司现行有关企业技术标准的规定。

2 术语和符号

2.1 术语

2.1.1 转体施工法　swivel construction
在非成桥位置预先浇筑或拼装全部或部分桥跨结构，形成临时稳定结构后借助转动装置，通过水平或竖向旋转的方式使桥梁到达设计位置的施工方法。

2.1.2 水平转体施工法　horizontal swivel construction
桥梁结构仅在水平面内进行旋转的转体施工法。

2.1.3 竖向转体施工法　vertical swivel construction
桥梁结构仅在竖直平面内进行旋转的转体施工法。

2.1.4 转体系统　swivel system
为实现水平转体施工而设置的有关支承、平衡和牵引等的集成系统，或为实现竖直转体施工而设置的有关铰座、牵引等的集成系统。

2.1.5 转动支承系统　swivel supporting system
转体施工时承受转动体重量并能实现转动的装置。

2.1.6 平衡系统　balance system
平转系统中，为防止转体结构倾覆而设置的临时支撑或配重等装置和措施。

2.1.7 转动牵引系统　swivel traction dynamical system
为转体施工提供动力牵引的机械设备或装置总称，由牵引及助推系统、微调系统、测量系统等组成。

2.1.8 单点支承　single point support
由中心球铰或转体支座单个转铰装置承受转动体全部重量的支承形式。

2.1.9 多点支承 multi-point support
由中心转铰装置和数个辅助支承共同承受转动体重量的支承形式。

2.1.10 转体球铰 spherical hinge
由上、下球铰组成，使转体结构上下传递荷载，实现转体的核心支承装置。

2.1.11 钢球铰 steel spherical hinge
球铰的上球铰、下球铰等主要构件材料由钢板加工或铸造而成。

2.1.12 钢混组合球铰 steelconcrete composite spherical hinge
球铰的上球铰、下球铰等主要构件由焊接薄钢板表层和设有构造钢筋的活性粉末混凝土内层构成。

2.1.13 转体支座 swivel bearing
由上球铰和下球铰等主要部件组成，整体组装后通过锚栓与转动结构和支承结构连接，起到支承作用的转体装置。

2.1.14 上转盘 upper turntable
支承转动结构并能够相对于下盘转动的结构。一般布置有上球铰、撑脚、牵引索等。

2.1.15 下盘 lower turntable
和下部结构相连，支承上转盘并与之相匹配的结构。一般布置有下球铰、滑道、反力座、助推系统、轴线微调系统等。

2.1.16 滑道 slipping way
平转系统中，设置在下盘表面，作为撑脚、辅助支承转动区域的圆环形通道。

2.1.17 撑脚 foot bearing
与上转盘相锚固，为防止转体结构发生倾覆而设置的临时安全装置。

2.1.18 辅助支撑 ancillary shoring
为保证转体结构稳定性而设置的，转体时承受一定竖向力的装置。

2.1.19 止动块 arresting device
转动体限位用的止动装置。

2.1.20 助推系统 boosting system
牵引系统不能正常工作时，作为应急或为牵引系统提供附加动力的装置组合。

2.1.21 竖转铰 vertical swivel hinge
由铰轴和铰座组成，使转体结构可以产生竖向转动，实现竖向转体的关键构件。

2.1.22 提升塔架 lifting tower
竖向转体过程中承受竖向荷载的临时结构。

2.1.23 不平衡称重 weighing test
平转前，测试转体结构的不平衡力矩、偏心距、摩阻力矩及摩阻系数等参数，为正式转体提供数据支持的准备工序。

2.1.24 平衡配重 counterweight
水平转体中，为消除不平衡力矩而采取的平衡措施。

2.1.25 试转体 trial swiveling
正式转体前，按正式转体要求启动动力牵引系统，以检查转体结构和设备是否处于正常状态，并取得试验数据，为正式转体做准备的施工工序。

2.1.26 姿态调整 position adjustment
桥梁转体施工就位前，通过千斤顶等设备对桥梁姿态进行微调的过程。

2.1.27 封铰 sealing hinge
在平转系统的上下盘之间，或竖转系统的铰座四周浇筑混凝土，使转动体完全固结的施工工序。

2.2 符号

2.2.1 几何参数

A——销轴截面面积；
b——垂直于铰轴中心线的铰轴与铰座接触面宽度；
B_1——垂直于铰轴中心线的铰轴柱面宽度；
B_{2-1}、B_{2-2}——垂直于铰轴中心线的铰座柱面边缘至接触面中心线的距离；
d——销轴直径；
D_q——牵引力偶臂；
e——转动体偏心距；

e_1——单点支承偏心距;
L——铰轴与铰座接触面的轴向长度;
L_p——悬臂长度;
l——配重点距悬臂端的距离;
$L_左$、$L_右$——称重时左、右侧支点力臂;
n_v——受剪面数目;
R——转铰半径;
R_1——铰轴柱面半径;
R_2——铰座柱面半径;
R_j——转铰支承半径;
R_z——轴套半径;
R'——辅助支承中心线半径;
R_c——撑脚半径;
S_1——全部滑片承压面积;
s——端耳板和中间耳板的间距;
t——耳板厚度;
t_e——两端耳板厚度;
t_m——中间耳板厚度。

2.2.2 力学参数

E_1——铰轴弹性模量;
E_2——铰座弹性模量;
E_c——铰轴、铰座混凝土的弹性模量;
F——支承偏心引起的非惯性运动影响力;
F_c——撑脚所受的等效水平集中力;
G——转动体总重量;
G_1——球铰承受重力;
G_2——辅助支撑承受重力;
G_p——理论配重值;
K_0——抗倾覆安全系数;
M_G——转动体不平衡力矩;
M_Z——转动体静摩擦力矩;
M_K——转动体抵抗力矩;
M_0——风力等荷载产生的倾覆力矩之和;
N_c——撑脚所受的等效竖向荷载;
P——铰轴支承力;
$P_左$、$P_右$——称重时梁体发生微小转动时左侧、右侧的支点反力;

$P_升$、$P_落$——称重时梁体发生微小转动时升顶、落顶时的支点反力；

Q——销轴承受总剪力；

T——总牵引力；

σ——销轴组合强度；

σ_1——转铰正应力；

$[\sigma_1]$——球铰容许正应力；

σ_2——转铰滑片正应力；

$[\sigma_2]$——球铰滑片容许正应力；

σ_b——销轴抗弯强度；

σ_c——销轴与耳板承压强度；

σ_H——接触应力；

τ——中心定位销轴剪应力；

$[\tau]$——中心定位销轴容许剪应力；

τ_b——销轴抗剪强度；

w——转体角速度；

ν_1——铰轴泊松比；

ν_2——铰座泊松比。

2.2.3 系数

f——转铰摩擦系数；

f'——滑道摩阻系数；

η——压力不均匀系数。

3 基本规定

3.0.1 设计单位应结合桥梁结构特点和场地条件等因素选择合适的转体方案，并应对转动系统进行专项设计，设计文件应对转体施工提出明确的指导性意见。

3.0.2 转体关键构件的制作单位应按设计要求控制转体关键构件的加工质量，出厂前应进行试拼装，加工精度应满足设计要求，并应根据转体关键构件的尺寸、重量等制定运输和安装方案。

3.0.3 施工单位应结合实际情况编制转体施工专项方案并按程序报批，并应加强现场转体施工技术、质量、安全和应急管理。

3.0.4 转体施工应对全过程进行施工监控，并应根据工程特点制定完善的监控流程和安全预警机制，应积极采用自动化、信息化手段进行桥梁及转体结构状态监控。

4 转体系统设计

4.1 一般规定

4.1.1 转体系统设计应综合考虑桥梁结构特点和工程场地条件等因素，合理确定转体结构形式、转体系统设置位置、转体梁长及施工方法。转体系统设计应明确转体方向和角度，并应满足转体结构安装及转体施工的工作空间要求。

4.1.2 水平转体支承形式可根据转体吨位及平衡要求进行选择。当转体桥梁可通过配重实现平衡且条件允许时，宜采用单点支承转体；当转体结构无法通过配重实现平衡或空间条件受限时，宜采用多点支承平转系统。

条文说明

根据支承形式的不同，水平转体系统可分为单点支承与多点支承两种结构形式。根据辅助支撑结构形式及转体动力方式不同，多点支承转体系统可分为三种类型：钢绞线牵引上转盘的多点支承平转系统、钢绞线牵引辅助支撑的多点支承平转系统、电机齿轮齿条驱动辅助支撑的多点支撑平转系统，如图4-1所示。

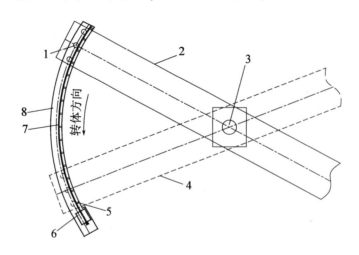

图 4-1 钢绞线牵引辅助支承的多点支承平转系统示意图

1-临时滑动支墩；2-转体前梁体位置；3-中心支承系统；4-转体后梁体位置；5-牵引钢绞线轨道；6-牵引反力座；7-牵引钢绞线；8-滑道及基础

钢绞线牵引上转盘的多点支承平转系统是指将辅助支承设计为始终与滑道接触并承受竖向荷载，通过钢绞线牵引上转盘实现桥梁转体的转体系统。

钢绞线牵引辅助支承的多点支承平转系统是指将辅助支承设计为始终与滑道接触并承受竖向荷载，由钢绞线牵引辅助支承实现桥梁转体的转体系统。

电机齿轮齿条驱动辅助支撑的多点支撑平转系统是指将辅助支承设计为始终与滑道接触并承受竖向荷载，并将电机集成在辅助支承上，由电机驱动辅助支承的齿轮沿着侧向预设的齿条啮合滚动带动桥梁转体的转体系统。

4.1.3 设计单位应对各施工工况下的桥梁结构及转体系统关键部位的强度、刚度、稳定性进行计算。

条文说明

水平转体系统应进行抗倾覆稳定验算，转铰的竖向正应力验算，滑片正应力验算，销轴的剪应力验算，转铰附近的局部承压强度验算，上转盘抗弯、抗剪、抗冲切承载力验算，下盘抗弯、抗剪、抗冲切承载力验算，撑脚竖向和水平承载力验算，牵引索承载力验算，牵引反力座及助推反力座抗弯、抗剪承载力验算等。

水平转体系统相关检算时，荷载工况应按恒载、风荷载、施工荷载、配重等因素进行最不利工况组合，考虑施工偏差影响。

其中，恒载需考虑结构自身不对称及梁段不对称浇筑引起的自重差、曲线桥横向偏心等影响；转体过程中风荷载可按 6 级风计算，其他施工过程中的风荷载按建设周期选取对应重现期风速进行计算，可按不小于 10 年一遇取值；施工荷载应考虑施工机具及临时设施的影响，如挂篮移动不同步等；施工偏差包括轴线偏差和质量偏差，其中轴线平面偏差可按 ±10mm 考虑，质量偏差可按 ±2% 考虑。

4.1.4 墩顶水平转体就位后留作防落梁的转铰应做防落梁检算。墩顶转体的转动销轴需拆除时，连续梁 0 号段构造应满足转动销轴移除的要求。

4.1.5 墩底水平转体的连续梁转体前与桥墩应临时固结，梁体应稳定安全。

4.1.6 竖向转体宜用于拱桥，竖向转体系统应结合具体工程情况进行专项设计。

条文说明

按照竖转方向，竖向转体分为升位竖转和降位竖转，竖向转体系统主要由转动体系、锚固体系、动力体系等组成。本规程中所规定的竖转系统仅适用于拱桥一次竖转，不涉及平竖结合转体和二次竖转。

4.2 单点支承平转系统

4.2.1 单点支承平转系统应主要由转铰、滑道、撑脚、助推反力座、牵引钢绞线和牵引反力座等组成，平面布置如图4.2.1所示。

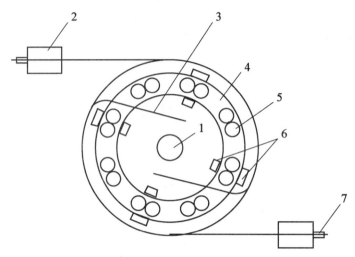

图 4.2.1 单点支承平转系统平面示意图
1-转铰；2-牵引反力座；3-牵引钢绞线；4-滑道；5-撑脚；6-助推反力座；7-连续张拉千斤顶

I 支承系统

4.2.2 支承系统的结构形式应根据转体吨位、施工方法、运输及安装条件等综合因素确定。转动中心支承系统按结构形式可分为转体球铰和转体平铰。

条文说明

转体球铰根据承压部件材料类型分为钢球铰和钢混组合球铰，钢球铰按照加工方式分为普通钢球铰、铸钢球铰和转体支座。

（1）普通钢球铰本体一般由钢防护筒及连接板、上球铰、下球铰、滑片、销轴、轴套、下球铰定位骨架等部件构成。

焊接成型墩底转体钢球铰本体结构如图4-2所示。

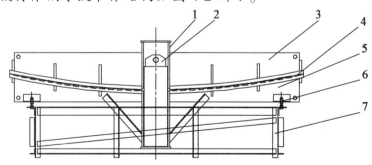

图 4-2 焊接成型墩底转体钢球铰本体结构示意图
1-轴套；2-销轴；3-上球铰；4-滑片；5-下球铰；6-调平装置；7-定位骨架

焊接成型墩顶转体钢球铰本体结构如图 4-3 所示。墩顶转体球铰转体后可起防落梁作用，钢防护筒及连接板仅适用于墩顶转体球铰。

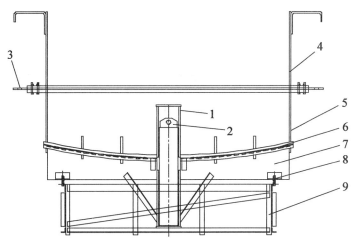

图 4-3 焊接成型墩顶转体钢球铰本体结构示意图

1-轴套；2-销轴；3-抽拔钢板（转体后需转换体系的球铰有此项）；4-钢防护筒；5-上球铰；6-滑片；7-下球铰；8-调平装置；9-定位骨架

（2）铸钢球铰本体一般由上球铰、下球铰、滑片、销轴、底座板、剪力键等部件构成，铸钢球铰上下球铰一般为铸造整体成型。大吨位转体桥梁宜在下球铰下设置底座板，底座板上设置剪力键。

铸造成型墩底转体钢球铰本体结构示意如图 4-4 所示。

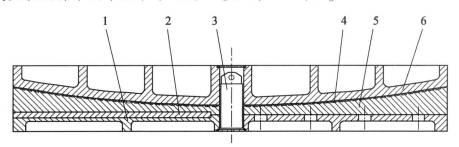

图 4-4 铸造成型墩底转体钢球铰本体结构示意图
1-底座板；2-剪力键；3-销轴；4-滑片；5-下球铰；6-上球铰

（3）钢混组合球铰本体一般由顶座板、上球铰、下球铰、滑片、销轴、轴套、底座板、连接板等部件构成，其中球铰上盘和下盘的钢壳内填充活性粉末混凝土。钢混组合球铰结构示意如图 4-5 所示。

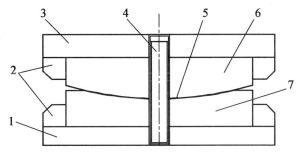

图 4-5 钢混组合球铰结构示意图

1-底座板（小于 100000kN 时可无此项）；2-连接板；3-顶座板（小于 100000kN 时可无此项）；4-销轴；5-滑片；6-上球铰；7-下球铰

（4）转体支座主要由上球铰、下球铰、上锚固组件、下锚固组件等构件组成。转体支座的结构构造如图4-6、图4-7所示。

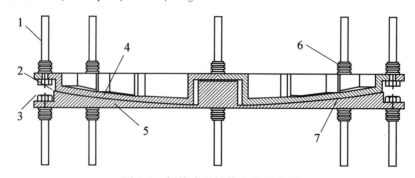

图4-6 焊接成型转体支座示意图
1-锚杆；2-密封装置；3-螺栓；4-上球铰；5-下球铰；6-套筒；7-滑片

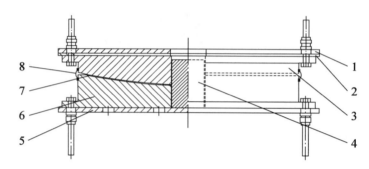

图4-7 铸造成型转体支座结构示意图
1-预埋组件；2-衬板；3-上球铰；4-销轴；5-预埋组件；6-下球铰；7-滑片；8-密封装置

（5）球面平铰本体一般由上平铰、下平铰、滑片、销轴、轴套、定位骨架、连接件（仅分块式含此项）等部件构成。球面平铰结构示意如图4-8所示。

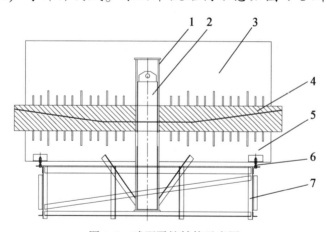

图4-8 球面平铰结构示意图
1-轴套；2-销轴；3-上平铰（可分块）；4-滑片；5-下平铰（可分块）；6-调平装置；7-定位骨架

4.2.3 转铰设计应符合下列规定：

1 转铰的面板应具有足够的强度及刚度，厚度不宜小于30mm，并宜布置径向和环向加劲肋。转铰下面板应通过预埋钢筋或定位骨架固定，并应设置微调装置。

2 转铰的上球铰、下球铰、底座板的钢板强度等级宜采用Q355及以上；定位骨架及钢混组合球铰的钢板强度等级宜采用 Q235 及以上。

3 转铰销轴可采用实心钢棒，宜采用 45 号钢及以上材质；钢混组合球铰销轴可采用实心钢棒或无缝钢管内浇超高性能混凝土内芯的钢混组合构件。轴套可采用结构用无缝钢管。

4 转铰滑片材质可采用改性聚四氟乙烯、改性超高分子量聚乙烯或填充聚四氟乙烯复合夹层滑片。

5 转铰设计时应进行转铰的竖向正应力验算、滑片正应力验算、销轴的剪应力验算等。

6 转铰竖向正应力应不大于转铰容许正应力，转铰参数见图 4.2.3；转铰竖向正应力可按式（4.2.3-1）计算。

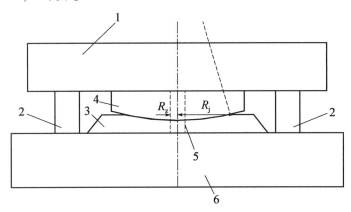

图 4.2.3 转铰参数示意图
1-上转盘；2-撑脚；3-下球铰；4-上球铰；5-轴套；6-下转盘

$$\sigma_1 = \frac{\eta G}{\pi (R_j^2 - R_z^2)} \quad (4.2.3\text{-}1)$$

式中：σ_1——转铰正应力（MPa）；
G——转体总重力（N）；
η——压力不均匀系数，不小于 1.2；
R_j——转铰支承半径（mm）；
R_z——轴套半径（mm）。

条文说明

本条中式（4.2.3-1）为简化公式，其理论公式如下：

$$\sigma_1 = \frac{3G\cos\theta}{2\pi R^2} \cdot \frac{1}{\dfrac{1-(R^2-R_j^2)^{3/2}}{R^3-\pi R_z^2}} \quad (4\text{-}1)$$

较铰计算参数示意图如图 4-9 所示。
转铰半径与转铰支承半径宜满足下式要求：

$$R \geqslant 3.24 R_j \quad (4\text{-}2)$$

根据工程经验，可认为当圆心角 α 小于 18° 时，简化计算方法可以满足工程精度要求；转铰半径与转铰支承半径的比例关系如下式：

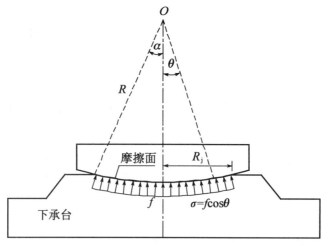

图 4-9 转铰计算参数示意图

$$R \geqslant \frac{R_j}{\sin 18°} \quad (4\text{-}3)$$

转铰竖向正应力计算时，考虑偏心值 e 的影响，可按小偏心受压构件进行计算，公式如下：

$$\sigma_{\min}^{\max} = \frac{G}{A} \pm \frac{MR_j}{\pi R_j^4 / 4} = \frac{G}{A} \pm \frac{4Ge}{AR_j} = \frac{G}{A}\left(1 \pm \frac{4e}{R_j}\right)$$

因此，压力不均匀系数 $\eta = 1 + \frac{4e}{R_j}$，且不小于 1.2。

7 转铰滑片正应力应不大于转铰滑片容许正应力，改性聚四氟乙烯滑片、改性超高分子量聚乙烯滑片及填充聚四氟乙烯复合夹层滑片容许正应力，可取 55MPa；转铰滑片正应力可按下式计算：

$$\sigma_2 = \frac{\eta G}{S_1} \quad (4.2.3\text{-}2)$$

式中：σ_2——滑片正应力（MPa）；

S_1——全部滑片承压面积（mm²）。

8 中心定位销轴剪应力应不大于中心定位销轴容许剪应力，中心定位销轴容许剪应力，安全系数应不小于 2；销轴承受总剪力应主要包括风荷载产生的水平剪力、不平衡牵引力、支承偏心引起的非惯性运动影响力，其中单点支承偏心距不宜大于 10cm，不平衡牵引力可取单根索牵引力。中心定位销轴剪应力、支承偏心引起的非惯性运动影响力可按下列公式计算：

$$\tau = \frac{Q}{A} \quad (4.2.3\text{-}3)$$

$$F = G\omega^2 e_1 \quad (4.2.3\text{-}4)$$

式中：τ——中心定位销轴剪应力（MPa）；

Q——销轴承受总剪力（N）；

A——销轴截面面积（mm²）；

F——支承偏心引起的非惯性运动影响力（N）；

ω——转体角速度（s^{-1}）；
e_1——单点支承偏心距（m）。

4.2.4 在设计竖向承载力作用下，总高度不大于200mm的转铰，竖向压缩变形不应大于2mm；总高度大于200mm的转铰，竖向压缩变形不应大于其高度的1%，且不应大于4mm。

4.2.5 上转盘结构设计应符合下列规定：
1 上转盘应预留压浆孔，当采用连续牵引装置时，应预埋牵引索。
2 根据上转盘结构形式，应进行抗弯、抗剪承载力及撑脚冲切上转盘验算等。
3 根据结构受力情况，可采用钢筋混凝土结构或预应力混凝土结构，预应力混凝土结构宜采用三向预应力体系。

条文说明

转盘结构一般分为上转盘和下盘两部分。上转盘一般由主墩或梁体、撑脚、牵引体系等组成。下盘一般由滑道、千斤顶反力座、转铰、砂箱等组成。上转盘组成中主墩是针对墩底和墩中转体，梁体是针对墩顶转体。

4.2.6 下盘结构设计应符合下列规定：
1 下盘构造尺寸应满足转铰、撑脚、滑道、千斤顶反力座、牵引反力座、砂箱等布置要求，并应满足牵引索张拉空间要求。
2 设计时应进行转铰附近的局部承压强度验算、转体过程中的下盘抗弯、抗剪、抗冲切承载力验算、滑道处的局部承压强度验算等。

4.2.7 墩底转体前上转盘和下盘间应设置型钢等装置进行临时固结，转体结构应安全稳定。

4.2.8 转盘混凝土应选用C50及以上强度等级。

II 平 衡 系 统

4.2.9 平衡系统设计应进行抗倾覆计算，抗倾覆稳定系数不应小于1.3，对于铁路转体结构及上跨铁路的转体结构，其抗倾覆稳定系数不应小于1.5。转体抗倾覆计算可按下式计算：

$$K_0 = \frac{M_K}{M_G} \quad (4.2.9)$$

式中：M_K——转动体抵抗力矩（kN·m）；
M_G——转动体不平衡力矩（kN·m）；
K_0——抗倾覆安全系数。

条文说明

不同规范对抗倾覆稳定系数要求不一。《公路桥涵地基与基础设计规范》（JTG 3363—2019）第5.4.3条规定：施工阶段作用的标准值组合下抗倾覆系数为1.2。《桥梁水平转体法施工技术规程》（DG/TJ 08-220—2016）第4.4.5条规定：平衡系统设计应进行抗倾覆计算，抗倾覆稳定系数不应小于1.3。《铁路桥涵工程施工质量验收标准》（TB 10415—2018）第14.5.1条规定：转体纵横向稳定系数必须大于1.5。《铁路桥涵工程施工安全技术规程》（TB 10303—2020）第9.6.2条规定：转动体系必须平衡可靠，抗倾覆安全系数应大于1.5，四周的撑脚应有良好的保险和稳定作用。《高速铁路混凝土连续梁转体设计和施工质量控制标准 报批稿》第4.3.3条规定：抗倾覆稳定系数为1.2，其征求意见稿中为1.5。综合考虑，对于铁路转体结构及上跨铁路的转体结构，其抗倾覆稳定系数不应小于1.5。

转体系统抗倾覆稳定计算需考虑的荷载及荷载取值参照本规程第4.1.3条执行。

4.2.10 转铰应设置在转动体结构重心处。当转动体重心与结构形心不重合时，可设置预偏心。

4.2.11 滑道应采用圆环形布置，滑道中心线应与撑脚中心线对应。

条文说明

滑道由不锈钢板、滑道钢板、滑道定位骨架及调节螺栓等部件组成。滑道定位骨架可由角钢焊接成型。滑道结构构造如图4-10所示。

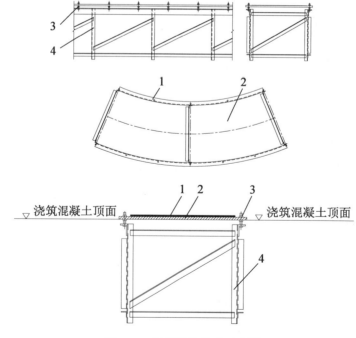

图4-10 滑道结构构造示意图
1-不锈钢板；2-滑道钢板；3-调节螺栓；4-滑道定位骨架

4.2.12 滑道钢板宜采用 Q235 及以上强度等级，滑道钢板上可满焊不锈钢板，不锈钢板厚度不宜小于 3mm，滑道钢板或不锈钢板上宜布置滑板，滑板材质可采用聚四氟乙烯、改性聚四氟乙烯、改性超高分子量聚乙烯。

4.2.13 多组撑脚应设置成稳定平面，宜均匀对称分布于桥梁纵轴线的两侧。

4.2.14 撑脚应分别进行竖向和水平承载力验算，其中竖向承载力宜按轴心受压构件进行验算，撑脚受力见图 4.2.14；竖向承载力、撑脚所受的等效水平集中力可按下列公式计算。

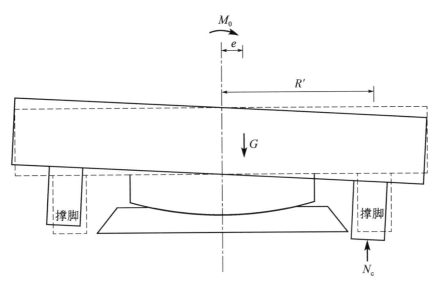

图 4.2.14 撑脚受力示意图

$$N_c = \frac{Ge + M_0}{R'} \quad (4.2.14\text{-}1)$$

$$F_c = f'N_c \quad (4.2.14\text{-}2)$$

式中：N_c——撑脚所受的等效竖向集中力（kN）；
   G——转动体总重量（kN）；
   e——转动体偏心距（m）；
   M_0——风力等荷载产生的倾覆力矩之和（kN·m）；
   R'——滑道中心半径（m）；
   F_c——撑脚所受的等效水平集中力（kN）；
   f'——滑道摩阻系数，当无试验数据时，启动时一般可取 0.05～0.10；转动过程中，对于滑动接触，一般可取 0.03～0.06。

条文说明

转动体偏心距应考虑结构自身、施工误差、施工临时荷载等影响。由施工误差产生的偏心距建议按不小于 0.05m 考虑。

4.2.15 撑脚宜采用钢结构、钢管混凝土结构。撑脚钢结构宜采用 Q355 及以上强度等级。当采用钢管混凝土结构，钢管内混凝土宜采用补偿收缩混凝土，混凝土强度等级不宜低于 C50。

4.2.16 撑脚外边缘至上转盘边缘距离最小值应符合表 4.2.16 的规定。

表 4.2.16 撑脚外边缘至上转盘边缘距离最小值

撑脚直径 d（cm）	撑脚外边缘至上转盘边缘距离最小值（cm）
$60 \leq d \leq 80$	20
$80 < d \leq 100$	max（25，0.35d）
$d > 100$	max（40，0.3d）

条文说明

撑脚外边缘至上转盘边缘距离，需保证撑脚顶弯矩及横向力的作用下上转盘边缘混凝土不致劈裂。

4.2.17 撑脚与上转盘之间的连接包括固结连接和装配式可拆卸连接两种方式；当无可拆卸要求时，应优先采用固结连接，并应满足连接部受力要求。固结连接可采用下列一种或几种方式的组合：

1 撑脚直接伸入上转盘，伸入长度不应小于 1 倍撑脚直径，撑脚伸入上转盘部分，必要时可设置剪力键。

2 撑脚可设置锚固件或锚固钢筋，锚固钢筋伸入上转盘内的撑脚顶主筋长度，HPB300 钢筋不应小于 40 倍钢筋直径，设弯钩；HRB400 钢筋不应小于 35 倍钢筋直径，不设弯钩。

条文说明

撑脚由走板、斜撑板、支撑钢管、中间板、斜立板等零部件组成。撑脚与上转盘之间的连接，需要承受撑脚顶弯矩、剪力和轴向力等作用，应保证足够的连接强度。

固结型撑脚结构如图 4-11 所示。

装配式可拆卸型撑脚结构如图 4-12 所示。

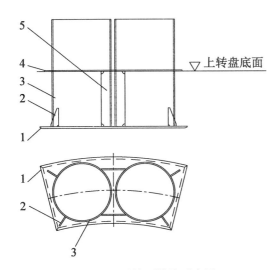

图 4-11 固结型撑脚示意图
1-走板；2-斜撑板；3-支撑钢管；4-中间板；
5-斜立板

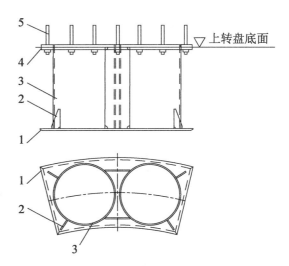

图 4-12 装配式可拆卸型撑脚示意图
1-走板；2-斜撑板；3-支撑钢管；4-连接座；5-螺栓及套筒

4.2.18 撑脚与滑道的间隙应根据转铰的压缩变形、转铰与轴套间隙容许的偏转角度、称配重等工作的施工空间等综合因素确定。压缩量应根据理论计算确定，转体结构落架后撑脚底与滑道顶面之间的间隙应为 10～20mm；当无法预测精度时，施工时可按 25～30mm 设置初始间隙。

条文说明

撑脚与滑道之间的间隙不能过大，也不能过小。当间隙过大时，结构失去平衡时起不到稳定作用，且销轴会被轴套卡住；当间隙过小时，在转体前的施工过程中若几何尺寸控制不严，致使结构重心的实际位置与理论计算位置有明显出入，平转过程中局部撑脚顶住滑道，造成滑道变形、转动困难等问题。一般要求转体结构在托架拆除后，撑脚与环道之间有 15mm 左右的间隙较好。

《高速铁路桥涵施工技术规程》（Q/CR 9603—2015）第 13.5.5 条第 2 款规定：浇筑于上转盘周边的辅助支腿应均匀对称布置，与下环道保持不大于 20mm 的间距。《客货共线铁路桥涵施工技术规程》（Q/CR 9652—2017）第 13.5.7 条第 2 款规定：浇筑于上转盘的撑脚应均匀对称布置，撑脚下端与下环道的间隙应保证转体时有 10～20mm 的间距。

4.2.19 临时砂箱宜作为防倾覆系统的保险措施，设计计算时不宜考虑其防倾覆作用。

条文说明

砂箱应由内筒、外筒及卸砂孔组成，如图 4-13 所示。

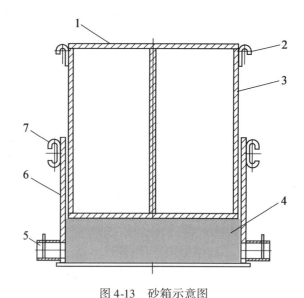

图 4-13 砂箱示意图
1-盖板；2-上吊钩；3-上筒；4-砂；5-出砂管；6-下筒；7-下吊钩

4.2.20 砂箱布置高度、数量应满足转体结构构造和重量要求，砂箱宜均匀布置在撑脚之间。

4.2.21 砂箱宜与撑脚同步安装，并应在称重前拆除。

4.2.22 砂箱上部支承可选用钢管，钢管内宜填充补偿收缩混凝土，砂箱内部宜填充干燥石英砂，砂箱根部应设置卸砂孔。

4.2.23 砂箱应具备足够的承载力及刚度，施工前砂箱应按 1.1 倍荷载预压焊接或栓接，确定砂箱承压后的变形量，整个转体系统支承体系转换后，撑脚走板与滑道顶面钢板的距离应满足设计要求。

Ⅲ 牵引系统

4.2.24 牵引系统的牵引索宜采用钢绞线，牵引索宜对称转盘圆心设置，千斤顶作用点的高度应与牵引索预埋高度一致。牵引索应形成平衡力偶矩，宜采用 2 组或 4 组。

条文说明

牵引系统由牵引索、连续张拉千斤顶、牵引反力座、限位止动块、助推反力座组成，结构示意如图 4-14 所示。

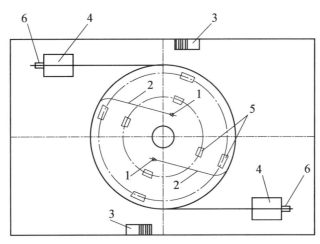

图 4-14 牵引系统布置图
1-牵引索固定端；2-牵引索；3-限位止动块；4-牵引反力座；5-助推反力座；6-连续张拉千斤顶

4.2.25 牵引索的承载力安全系数不宜小于2。采用单点支承时，总牵引力可按下式计算：

$$T = \frac{2}{3} \times \frac{fGR_j}{D_q} \quad (4.2.25)$$

式中：T——总牵引力（kN）；
　　　G——转体总重力（kN）；
　　　R_j——转铰支承半径（m）；
　　　D_q——牵引力偶臂（m）；
　　　f——转铰摩擦系数。

条文说明

参考《桥梁水平转体法施工技术规程》（DG/TJ 08-2220—2018）第4.5.3条规定：转体球铰或支座摩擦系数，无试验数据时，混凝土球铰静摩阻系数取0.1~0.12，动摩阻系数取0.06~0.09；钢制球铰静摩阻系数取0.08~0.10，动摩阻系数取0.03~0.06。

4.2.26 牵引反力座的轴线应与上转盘切线的牵引索重合，牵引反力座至基坑围护结构之间应有足够的空间，并应满足张拉要求。

4.2.27 牵引反力座承载力宜按不小于设计牵引力的2倍荷载进行设计，其强度和刚度应满足转体牵引力要求，设计时应进行抗弯、抗剪承载力验算。

4.2.28 助推系统应由助推千斤顶和助推反力座组成，转体施工启动或牵引系统工作不正常时，应及时启用助推系统。单组助推反力座承载力可按不小于设计牵引力的10%进行设计，其强度和刚度应满足转体牵引力助推要求，设计时应进行抗弯、抗剪承载力验算。

4.3 多点支承平转系统

4.3.1 多点支承平转系统应由中心转铰和辅助支撑共同承受转体结构重量，辅助支撑的数量、结构形式应根据转体结构重量、结构形式及周边环境进行设计确定。

条文说明

（1）与单点支承平转系统相比，多点支承转体系统具有以下优点：

①单点支承转体系统仅适用于两侧梁体平衡或可通过配重实现梁体平衡的桥梁结构，对于两侧梁体重量偏差较大、无法通过配重实现梁体平衡的桥梁，单点支承平转系统则不适用。

②转体过程中辅助支撑和中心转铰共同承受桥梁结构重量，可改善上转盘、下承台的受力状态。

③转体过程中辅助支撑与滑道始终处于接触状态，桥梁受力状态稳定，梁体振动小，转体更安全。

（2）电机齿轮齿条驱动辅助支撑的多点支撑平转系统，主要由中心转铰、滑道、齿条和辅助支撑组成，其构造组成如图4-15所示。

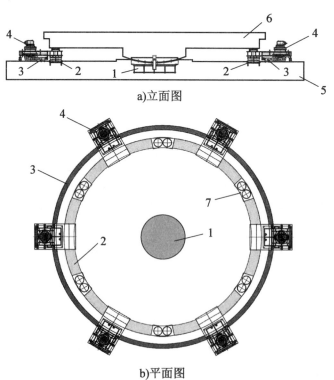

a)立面图

b)平面图

图4-15 电机齿轮齿条驱动辅助支撑的多点支撑平转系统平面布置示意图
1-中心转铰；2-滑道；3-齿条；4-辅助支撑；5-下盘；6-上转盘；7-常规撑脚

（3）电机齿轮齿条驱动辅助支撑的多点支撑平转系统，其技术原理如下：

①由中心转铰和辅助支撑共同承受桥梁结构竖向荷载，辅助支撑承担的竖向荷载大

小通过设计计算确定，辅助支撑在转体过程中沿滑道滚动，其承担的竖向荷载通过滑道传递至下盘。

②转体过程中，启动辅助支撑上的电机，由电机转动带动齿轮沿齿条啮合滚动，从而带动上转盘转动，进而实现桥梁转体。

Ⅰ 中心支承系统

4.3.2 多点支承平转系统的中心支承应根据转体重量、结构形式、场地环境等选用转铰。多点支承平转系统的中心支承设计应符合本规程第 4.2.2~4.2.8 条的规定。

Ⅱ 辅助支承系统

4.3.3 当撑脚与辅助支承系统同时存在时，应结合施工工法及施工过程合理分配其倾覆弯矩，条件具备时宜以辅助支承系统为主要防倾覆设施。

4.3.4 辅助支承系统应与中心支承系统共同协调工作，设计时应合理分配两系统承力大小，转体时辅助支承应能正常行走，并应满足荷载作用下的刚度变形要求。

4.3.5 滑道的支承平台应结合辅助支承的工作半径、下盘的结构尺寸进行设计，并应符合下列要求：

1 当滑道可设置在下盘上时，滑道的结构设计应符合本规程第 4.2.11~4.2.12 条的规定。

2 当下盘的结构尺寸不满足滑道的设置要求时，可设置单独的滑道梁作为滑道的支承平台，并应对滑道梁进行结构设计，滑道梁应为弧形，其弧长应满足转体施工要求，滑道梁、立柱及基础应满足强度、刚度及稳定性要求。

4.3.6 钢绞线牵引上转盘的多点支承平转系统形式宜采用常规撑脚作为辅助支撑，常规撑脚应满足在转体过程中的强度、刚度、稳定性要求，常规撑脚的设置应符合本规程第 4.2.13~4.2.18 条的规定。

4.3.7 钢绞线牵引辅助支承的多点支承平转系统，宜采用钢管混凝土立柱作为辅助支承，部分构件连接部位应进行局部受力分析。

4.3.8 电机齿轮齿条驱动辅助支撑的多点支撑平转系统，辅助支承结构应符合下列要求：

1 加载结构宜采用自锁式千斤顶和固结斜撑的组合形式，千斤顶的数量及顶力值应根据承力支腿的设计承载力确定。

2 台车架、减速机架、限位架和滚轮小车应进行强度和刚度验算。

3 橡胶垫厚度应根据转体桥梁重量、橡胶垫弹性模量计算确定。

条文说明

（1）电机齿轮齿条驱动辅助支撑的多点支撑平转系统，其辅助支承结构如图 4-16 所示。

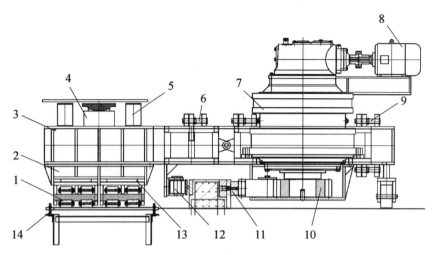

图 4-16 电机齿轮齿条驱动辅助支撑的多点支撑平转系统结构示意图

1-滚轮小车；2-限位架；3-台车架；4-自锁式千斤顶；5-固结斜撑；6-销轴；7-减速机组件；8-电机；9-减速机架组件；10-齿轮组；11-齿条组件；12-导向轮；13-橡胶垫；14-滑道

（2）台车架的结构组成如图 4-17 所示。

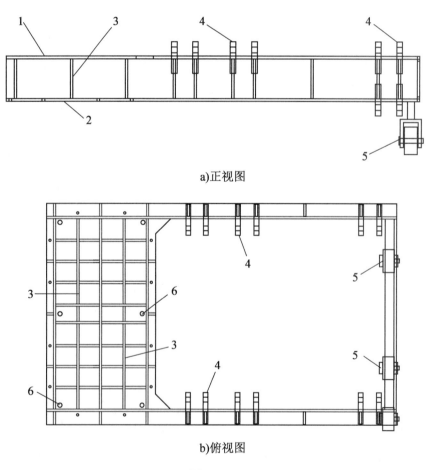

a) 正视图

b) 俯视图

图 4-17

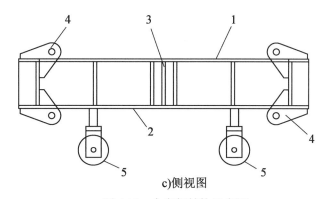

c)侧视图

图 4-17 台车架结构示意图
1-顶板；2-底板；3-中部框架；4-耳板；5-支撑轮；6-灌浆孔

（3）减速机架的结构组成如图 4-18 所示。

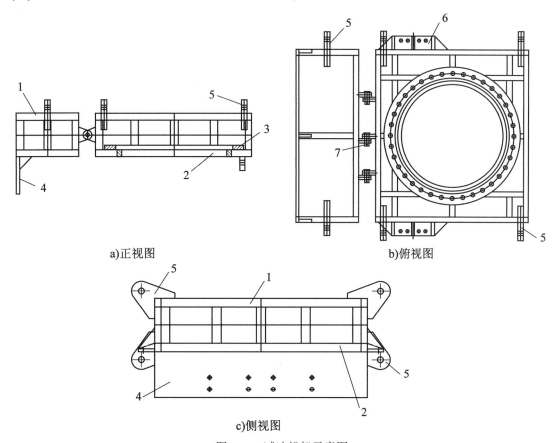

图 4-18 减速机架示意图
1-顶板；2-底板；3-机座；4-导向轮基板；5-耳板；6-托架座；7-销轴

Ⅲ 转体动力系统

4.3.9 多点支承平转系统所需的动力应按计算转体总牵引力的 2 倍配置：

$$T = \frac{2}{3} \times \frac{fG_1R_j}{D_q} + \frac{f'G_2R'}{D_q} \quad (4.3.9)$$

式中：T——总牵引力（kN）；

G_1——转铰承受重力（kN），按转铰承重比例取值；

G_2——辅助支撑承受重力（kN），按辅助支撑承重比例取值；
R_j——转铰支承半径（m）；
R'——辅助支承中心线半径（m）；
D_q——牵引力偶臂（m）；
f——转铰摩擦系数；
f'——辅助支撑与滑道摩阻系数，当无试验数据时，启动时一般可取 0.05～0.10；转动过程中，对于滑动接触，一般可取 0.03～0.06；对于滚动接触，一般可取 0.01～0.03。

条文说明

参考《桥梁水平转体法施工技术规程》（DG/TJ 08-2220—2018）第 4.5.3 条规定：转体球铰或支座摩擦系数，无试验数据时，混凝土球铰静摩阻系数取 0.1～0.12，动摩阻系数取 0.06～0.09；钢制球铰静摩阻系数取 0.08～0.10，动摩阻系数取 0.03～0.06。

4.3.10 钢绞线牵引上转盘的多点支承平转系统和钢绞线牵引辅助支撑的多点支承平转系统宜采用连续张拉千斤顶提供转体动力。

4.3.11 电机齿轮齿条驱动辅助支撑的多点支承平转系统，辅助支撑的结构组成应符合下列要求：
1 电机宜采用变频电机。
2 减速机的速比和输出扭矩应满足牵引力要求。
3 齿条、齿轮的模数、齿数以及齿宽设计时应进行计算，并应满足使用要求。
4 导向轮应进行表面热处理，硬度应满足使用要求。
5 支撑轮的直径和宽度应设计计算，并应满足使用要求。

4.4 竖转系统

4.4.1 塔顶不设置索鞍、塔顶设置索鞍的升位竖转系统结构组成如图 4.4.1-1、图 4.4.1-2 所示，降位竖转系统的结构组成如图 4.4.1-3 所示。

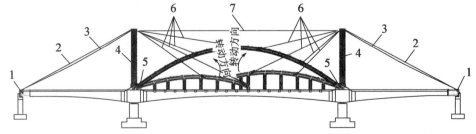

图 4.4.1-1 塔顶不设置索鞍的升位竖转系统结构组成示意图
1-后锚固；2-锚索；3-缆风索；4-提升塔架；5-竖转铰；6-扣索；7-压塔索

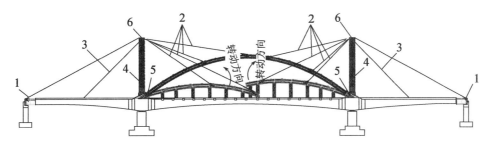

图 4.4.1-2 塔顶设置索鞍的升位竖转系统结构组成示意图
1-液压提升装置；2-扣索；3-缆风索；4-提升塔架；5-竖转铰；6-塔顶索鞍

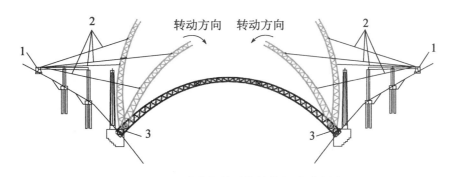

图 4.4.1-3 降位竖转系统结构组成示意图
1-后锚固；2-扣索；3-竖转铰

条文说明

（1）升位竖转系统主要由竖转铰、锚固体系、控制系统、牵引体系、提升塔架、缆风索等构成。其中，牵引体系可分为两种：塔顶索鞍体系、扣索和锚索分设，塔顶单独张拉体系。

（2）塔顶索鞍体系是指扣索前端分别锚于主拱肋上弦顶部的锚点上，扣索穿过提升塔架顶部索鞍，经软牵引进入桥面液压同步提升千斤顶的锚具内，采用液压同步提升千斤顶张拉扣索钢绞线使拱肋竖转到位。塔顶索鞍体系的优点是操作系统都设置在地面，便于操作；缺点是由于在竖转过程中，扣索的夹角是逐渐变化的，因而提升塔架要承受较大的不平衡水平力，需设置强大的缆风系统，提升塔架也做得比较强大。

（3）扣索和锚索分设，塔顶单独张拉体系是指扣索和锚索单独设置，通过在塔顶设置分配梁分别与提升塔架连接，在塔顶利用张拉千斤顶分别张拉扣索和锚索。这种体系的优点是受力明确，扣索、锚索均设千斤顶控制，可有效控制塔顶的不平衡水平力，减小了缆风和提升塔架的规模；缺点是要增加千斤顶的数量，需要在塔顶进行张拉作业，空间受限且安全风险较高。

I 转动系统

4.4.2 竖转设计应包括竖转铰、提升塔架、锚固系统、牵引系统设计以及竖转铰与桥梁结构的连接设计。

4.4.3 提升塔架宜采用空间桁架结构，可由钢管、型钢、军用墩或万能杆件拼装而成，并应根据提升塔架施工难度及材料用量对提升塔架高度进行取值。

4.4.4 提升塔架的设计应计入偏载、荷载变化和风力等因素的不利影响，并应满足各施工阶段结构强度、刚度、稳定性等要求；钢塔架设计应进行整体稳定性和局部稳定性计算，弹性屈曲稳定安全系数不应小于4。

4.4.5 竖转铰的结构形式应根据受力和转动角度选定销轴式或柱面式。

条文说明

竖转铰由铰轴和铰座组成，可分为钢板销子铰、钢管混凝土铰、钢销轴。钢板插销铰是一种结构简单、可承受荷载较小的转铰，适用于跨径小、结构轻的转体。钢管混凝土铰接触面积大，是一种可承受较大荷载的转铰，适用于跨径大、结构重量大的转体。钢管混凝土铰结构如图4-19所示。

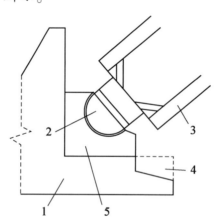

图4-19 钢管混凝土铰结构示意图
1-前期混凝土；2-铰轴；3-拱肋；4-封铰混凝土；5-铰座

4.4.6 垂直于铰轴中心线的铰轴与铰座接触面宽度（图4.4.6），接触应力应不小于局部承压时混凝土的容许压应力；垂直于铰轴中心线的铰轴与铰座接触面宽度、接触应力应按下列公式计算。铰轴及铰座宽度要求应符合表4.4.6的规定。

$$b = 3.127\sqrt{\frac{PR}{E_c L}} \quad (4.4.6\text{-}1)$$

$$\sigma_H = 0.407\sqrt{\frac{PE_c}{LR}} \quad (4.4.6\text{-}2)$$

$$R = \frac{R_1 R_2}{R_2 - R_1} \quad (4.4.6\text{-}3)$$

式中： P——铰轴支承力（N）；

b——垂直于铰轴中心线的铰轴与铰座接触面宽度（mm）；

L——铰轴与铰座接触面的轴向长度（mm）；

R_1——铰轴柱面半径（mm）；

R_2——铰座柱面半径（mm）；

E_c——铰轴、铰座混凝土的弹性模量（N/mm²）；

σ_H——接触应力（N/mm²）。

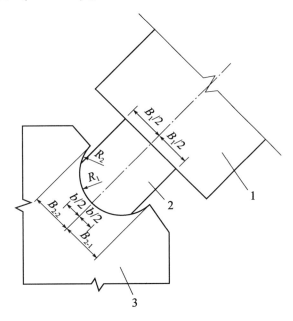

图 4.4.6 柱面铰接触宽度示意图

1-桥梁；2-铰轴；3-铰座；B_1-垂直于铰轴中心线的铰轴柱面宽度（mm）；B_{2-1}、B_{2-2}-垂直于铰轴中心线的铰座柱面边缘至接触面中心线的距离（mm）

表 4.4.6 铰轴及铰座宽度要求

宽度部位	宽度要求
钢管混凝土柱面铰的铰轴宽度 B_1	$B_1 \geq b$
铰轴中心线一侧的铰座宽度 B_{2-1}	$B_{2-1} \geq 0.5b$
铰轴中心线另一侧的铰座宽度 B_{2-2}	$B_{2-2} \geq 0.5b$

注：b 为垂直于铰轴中心线的铰轴与铰座接触面宽度。

条文说明

根据弹性固体的法向接触—Hertz 理论，两轴平行的圆柱体由单位长度上的力 P/L 压紧而接触时，接触面为平行于轴向、长度为 L、宽度为 b 的曲面。忽略接触面摩擦力和轴向两端应力集中，接触面的最大压应力为平均压应力的 $4/\pi$ 倍。接触宽度 b 和接触应力 σ_H 应按下列公式计算：

$$b = \sqrt{\frac{16PR}{\pi EL}} \qquad (4\text{-}4)$$

$$\sigma_H = \sqrt{\frac{PE}{\pi LR}} \qquad (4\text{-}5)$$

$$\frac{1}{R} = \frac{1}{R_1} - \frac{1}{R_2} \qquad (4\text{-}6)$$

$$\frac{1}{E} = \frac{1-v_1^2}{E_1} + \frac{1-v_2^2}{E_2} \qquad (4\text{-}7)$$

式中：P——铰轴支承力（N）；

L——铰轴与铰座接触面轴向长度（mm）；

R_1——铰轴柱面半径（mm）；

R_2——铰座柱面半径（mm）；

v_1——铰轴泊松比；

v_2——铰座泊松比；

E_1——铰轴弹性模量（N/mm²）；

E_2——铰座弹性模量（N/mm²）。

（1）当铰轴与铰座均采用混凝土材质，$E_1 = E_2 = E_c$，$v_1 = v_2 = 0.2$，接触宽度 b 的计算式可简化为式（4.4.6-1），接触应力 σ_H 的计算式可简化为式（4.4.6-2）。

如：支承力 $P = 30000$ kN，铰轴 $R_1 = 750$ mm，$L = 3450$ mm，$R_2 = 752$ mm，C50 混凝土 $E_c = 34500$ N/mm²，计算得：$b = 833.7$ mm，$\sigma_H = 13.3$ N/mm²。

（2）当铰轴与铰座采用钢材质，$E_1 = E_2 = E_s$，$v_1 = v_2 = 0.3$，接触宽度 b 和接触应力 σ_H 可简化为：

$$b = 3.045\sqrt{\frac{PR}{E_s L}} \qquad (4\text{-}8)$$

$$\sigma_H = 0.418\sqrt{\frac{PE_s}{LR}} \qquad (4\text{-}9)$$

如：支承力 $P = 30000$ kN，铰轴 $R_1 = 750$ mm，$L = 3450$ mm，$R_2 = 752$ mm，钢材 $E_s = 206000$ N/mm²，计算得：$b = 332.2$ mm，$\sigma_H = 32.4$ N/mm²。

（3）依据行业标准《铁路桥涵混凝土结构设计规范》（TB 10092—2017）第 3.1.4 条混凝土容许应力取值规定。

4.4.7 销轴式铰的耳板面外稳定性应符合现行行业标准《铁路桥梁钢结构设计规范》（TB 10091）的规定，并应符合下列要求。

1 销轴与耳板承压强度应不大于销轴耳板的承压容许应力，并应按下式计算：

$$\sigma_c = \frac{P}{dt} \qquad (4.4.7\text{-}1)$$

式中：σ_c——销轴与耳板承压强度（N/mm²）；

P——铰轴支承力（N）；

d——销轴直径（mm）；

t——耳板厚度（mm）。

2 销轴抗剪强度应不大于销轴容许剪应力，并应按下式计算：

$$\tau_b = \frac{4P}{n_v \pi d^2} \qquad (4.4.7\text{-}2)$$

式中：τ_b——销轴抗剪强度（N/mm²）；

n_v——受剪面数目。

3 销轴抗弯强度应不大于销轴弯曲容许应力，并应按下式计算：

$$\sigma_b = \frac{8P(2t_e + t_m + 4s)}{3\pi d^3} \qquad (4.4.7\text{-}3)$$

式中：σ_b——销轴抗弯强度（N/mm²）；

t_e——两端耳板厚度（mm）；

t_m——中间耳板厚度（mm）；

s——端耳板和中间耳板的间距（mm）。

4 计算截面同时受弯受剪时，组合强度 σ 应按下式进行验算，并小于 1.1 倍容许强度：

$$\sigma = \sqrt{\sigma_b^2 + 3\tau_b^2} \qquad (4.4.7\text{-}4)$$

式中：σ——组合强度（N/mm²）。

条文说明

按照国家标准《钢结构设计标准》（GB 50017—2017）第 11.6 节销轴连接的计算方法，考虑销轴承受支承力，略去耳板净截面抗拉强度、耳板端部截面劈开强度、耳板端部抗剪强度计算。

4.4.8 桥梁同一截面设置两个或两个以上竖转铰时，竖转铰应同轴。钢管混凝土柱面铰应设置铰轴限位装置。

条文说明

转动铰可选用钢制的轴销铰、钢板包裹混凝土的弧形柱面铰或球面铰。竖转铰直接承受拱肋自重和施工荷载，要求设有水平限位装置。

4.4.9 钢管混凝土柱面铰的铰座宜为混凝土和预埋钢板组合结构，混凝土强度等级不宜低于 C50。铰轴宜采用钢管混凝土结构，混凝土宜采用不低于 C50 补偿收缩混凝土。

4.4.10 锚碇宜采用钢筋混凝土结构，锚碇的抗拔、抗滑安全系数应不小于2。

条文说明

行业标准《公路桥涵施工技术规范》（JTG/T 3650—2020）第19.5.5条规定：锚碇的抗拔、抗滑安全系数应不小于2。本规程的规定与此一致。

4.4.11 铰座基础宜优先采用主体结构，主体结构不满足承载力要求时，应采取加固措施。

条文说明

主体结构基础可利用时宜尽量利用，以节省施工用材，利用前应对主体结构基础进行检算，并使结构内力在允许范围内。

4.4.12 预制拱圈或拼装拱肋竖转场地地基承载力和沉降应满足设计要求。

Ⅱ 起重动力系统

4.4.13 竖向转体动力宜采用液压同步起重技术，转动牵引设备的额定牵引力应不小于计算牵引力的2.0倍。

条文说明

参照国家标准《起重机设计规范》（GB/T 3811—2008）机械起升机构电动机起动时的最低要求，对直接起动的笼型异步电动机、绕线转子异步电动机、采用变频控制的所有类型的电动机，其轴上的转矩分别不小于荷载转矩的1.6倍、1.9倍、1.4倍，本规程中牵引力安全系数取2.0。

国家标准《起重机设计规范》（GB/T 3811—2008）规定：起重用钢丝绳安全系数按起升机构工作级别选定。

4.4.14 扣索应采用高强度低松弛预应力钢绞线，其性能应满足现行国家标准《预应力混凝土用钢绞线》（GB/T 5224）的要求。扣索系统应经计算确定，钢绞线的安全系数应不小于2，扣索数量配置应考虑结构冲击、自然环境及扣索在转向处弯折影响。

条文说明

行业标准《公路桥涵施工技术规范》（JTG/T 3650—2020）第19.5.5条第2款规定：扣索宜选用钢丝绳或钢绞线，扣索的锚碇宜采用钢筋混凝土结构。扣索系统应经计算确定，钢丝绳的安全系数应不小于6；钢绞线的安全系数应不小于2。考虑到实际工程中，扣索一般采用钢绞线，故本规程中明确规定：扣索应采用高强度低松弛预应力钢绞线，钢绞线的安全系数应不小于2。

4.4.15 扣索吊点位置和数量应进行计算分析，并应使在竖转时转动体的挠度最小、受力最合理。

4.4.16 扣索应设置有效的抑振装置和夹片防脱装置。

4.4.17 转体结构应设置缆风索，缆风索宜采用钢丝绳，其性能应符合现行国家标准《起重机 钢丝绳 保养、维护、检验和报废》（GB/T 5972）的规定。

条文说明

本条规定设置缆风索，是为确保转体结构在竖转过程中结构安全。

4.4.18 当提升塔架顶部设置索鞍时，索鞍应可沿滑道横向滑移，在姿态调整时应使拱肋可横向调整到拱轴线位置。

5 转体装置制作与运输

5.1 一般规定

5.1.1 转体装置应由专业厂家在工厂内加工制作，材质性能及制造精度应满足设计要求。

5.1.2 原材料进厂检验项目全部合格后方可使用，不合格部件不应使用。

5.1.3 每道工序加工完成后应自检各尺寸的符合性，合格后转到下一工序。

5.1.4 出厂检验中成品检验项目全部合格，则该批次产品为合格。产品在出厂检验中不符合要求的，应对不合格部件进行更换或修补，直至全部检验项目均为合格。

5.1.5 成品检验合格后，应出具成品检验报告，并应附有产品质量合格证明文件、整体性能检验报告、安装使用注意事项及说明书。

5.1.6 转体装置在出厂前应进行试拼装，试拼装误差应满足设计要求。

5.1.7 转体系统球铰承载力、上下盘及滑道表面摩擦系数、动力设施和锚固体系应符合设计要求。

5.1.8 转体装置的钢件外露表面应进行防腐涂装，涂装底漆1道，涂装前钢件表面处理等级和涂料要求应满足设计和规范要求；凸球面、凹球面、销轴套内侧面及销轴外表面除外。

5.1.9 转体装置的上球铰凸球面、下球铰凹球面、销轴套内侧面及销轴外表面应采用锂基润滑脂或机械油进行临时防护，在临时存放过程中应设置防尘装置。锂基润滑脂的质量指标应符合现行国家标准《通用锂基润滑脂》（GB/T 7324）中2号润滑脂的规定，机械油的技术要求应符合现行国家标准《L-AN全损耗系统用油》（GB/T 443）的规定。

5.1.10 转体装置焊接部位的质量应符合设计要求，当设计无要求定时，应符合现行行业标准《工程机械 焊接件通用技术条件》（JB/T 5943）的规定。除不锈钢板焊缝外，上球铰、下球铰等关键焊缝应不低于Ⅱ级质量要求，其他普通焊缝应不低于Ⅲ级质量要求。

5.1.11 钢件机加工尺寸及公差配合应符合设计要求，未注线性尺寸和角度尺寸公差应符合现行国家标准《一般公差 未注公差的线性和角度尺寸的公差》（GB/T 1804）中c级的规定，未注明形状和位置的公差应符合现行国家标准《形状和位置公差 未注公差值》（GB/T 1184）中L级的规定。

5.1.12 铸钢件应逐件进行超声波探伤，铸钢件质量等级应不低于2级，探伤方法及质量评级方法应符合现行国家标准《铸钢件 超声检测 第1部分：一般用途铸钢件》（GB/T 7233.1）的规定。

5.1.13 转体法施工中涉及的球铰等关键部位的装置及构件应满足现行有关国家标准，并应提供产品合格证等资料。

5.1.14 竖转铰宜主要由钢构件组成，各结构件的加工制作应符合相关钢结构制作规范的相关要求，以及设计文件对制作精度的要求。制作完成后，应经过检验合格后才能进行竖转铰的组装焊接。竖转铰的加工和焊接应在工厂内进行。

条文说明

规定竖转铰的加工和焊接应在工厂内进行，是为了保证竖转铰的加工精度和焊接质量。

5.2 中心转铰制作

5.2.1 上球铰面板整体焊接完成后应退火消除内应力，宜使用数控车床加工凸球面，机加工应满足设计要求，凸球面应进行抛光，抛光后粗糙度应不大于Ra6.3。

5.2.2 下球铰面板整体焊接完成后，应退火消除内应力后进行凹球面及滑板约束坑加工，机加工精度应满足设计要求。

5.2.3 上球铰、下球铰等采用铸钢件时，铸钢件的化学成分、热处理后的机械性能应符合现行国家标准《一般工程用铸造碳钢件》（GB/T 11352）的规定，化学分析和机械性能用试块应在铸钢件浇筑过程中铸出，铸钢强度等级应不低于ZG 270-500。

5.2.4 实心钢棒材料的化学成分及力学性能应符合现行国家标准《优质碳素结构

钢》（GB/T 699）、《碳素结构钢》（GB/T 700）或《合金结构钢》（GB/T 3077）的规定。

5.2.5 球面滑板可采用改性超高分子量聚乙烯板、改性聚四氟乙烯板或填充聚四氟乙烯复合夹层滑片，球面滑板的物理机械性能应符合表 5.2.5 的规定。

表 5.2.5 球面滑板的物理机械性能

项目	改性超高分子量聚乙烯板	改性聚四氟乙烯板	填充聚四氟乙烯复合夹层滑片
密度（g/cm³）	0.93～0.98	2.00～2.10	2.14～2.30
拉伸强度（MPa）	≥30	≥21	—
断裂拉伸应变	≥250%	≥300%	—
球压痕硬度（H132/60）（MPa）	26.4～39.6	26.4～39.6	26.4～39.6

注：球压痕硬度中 H132/60 为荷载 132N、持荷 60s。

5.2.6 球面滑板在润滑状态下与表面粗糙度最大参数值为 MRR Ramax3.2 的钢板配合面滑动时，球面滑板在润滑状态下的摩擦性能应符合表 5.2.6-1 的规定，球面滑板的荷载压缩变形应符合表 5.2.6-2 的规定，在试验过程中滑板不应出现裂损、掉块、平面轮廓形状突变等压溃现象。

表 5.2.6-1 球面滑板在润滑状态下的摩擦性能

项目	技术要求	试验条件		
		试验温度（℃）	平均压应力（MPa）	平均滑动速度（mm/s）
初始静摩擦系数 μ_{st}	≤0.03	23±2	60	0.4

表 5.2.6-2 球面滑板的荷载压缩变形

项目	技术要求	试验条件			
		试验温度（℃）	平均压应力（MPa）		持荷时间（h）
			改性超高分子量聚乙烯板	改性聚四氟乙烯板、填充聚四氟乙烯复合夹层滑片	
荷载压缩变形（mm）	≤1.0%·h_0	23±2	180	120	48

注：h_0 为滑板初始外露厚度。

5.2.7 球面滑片可采用分片拼接板或分片镶嵌板的形式，其基准厚度 t 应不小于 10mm，嵌入深度应不小于基准厚度的 1/2，外露厚度应不小于 5mm，加载设计载荷后上下钢球铰的间隙应不少于 3mm。滑板的厚度允许偏差、外露厚度允许偏差及装配间隙应符合表 5.2.7 的规定。撑脚下的滑道滑片应采用整体板或分片拼接板，滑片基准厚度应不小于4mm，不应设置储硅脂坑。

表 5.2.7 滑板的厚度允许偏差、外露厚度允许偏差及装配间隙（mm）

滑板直径或对角线长度 d	厚度允许偏差	外露厚度允许偏差	与钢件凹槽的容许装配间隙
$d \leqslant 600$	+0.40 / 0	+0.30 / 0	≤0.6
$600 < d \leqslant 1200$	+0.60 / 0	+0.50 / 0	≤0.9
$d > 1200$	+0.80 / 0	+0.70 / 0	≤1.2

5.2.8 采用分片拼接滑板时，可采用中心圆片与周边环形片组合方式，并应符合下列规定：

1 中心圆滑片直径不应大于1000mm，环带宽度不应小于50mm，且不宜大于300mm。

2 环带按圆周等分，每段弧长应不大于1000mm。

3 各滑片周边应有有效的约束实体，形成可靠的约束坑。

4 滑片应采用黏结剂与球钢面板粘连，并应采用铜质沉头螺钉进行固定，螺钉顶面应低于滑板表面不小于3mm，并应不大于5mm，螺钉布置间距应不大于200 mm。

5 设置储硅脂坑的球面滑片，储硅脂坑尺寸及布置应满足设计要求。

5.2.9 滑板采用其他材料时，滑板的物理机械性能、摩擦性能和荷载压缩变形应满足设计要求。

5.2.10 球面滑片润滑脂可采用5201-2硅脂或添加1%（质量比）、平均粒径不大于50um的纯四氟混合润滑脂，5201-2硅脂的物理性能不应低于现行行业标准《5201硅脂》（HG/T 2502）中一等品的规定，锂基润滑脂的质量应符合现行国家标准《通用锂基润滑脂》（GB/T 7324）中2号润滑脂的规定。

条文说明

润滑脂需将滑片储硅脂坑及滑片间隙全部填充满，以保持摩擦副持续润滑。采用均匀分布的滑片分片布置形式，储脂能力强，宜采用性价比更好的四氟混合润滑脂润滑；分片拼接滑板结构单片滑片面积大，储脂能力相对弱，可采用硅脂润滑。

5.2.11 转体装置润滑脂采用其他材料时，其物理性能应满足设计要求。

5.2.12 上球铰凸球面、下球铰凹球面轮廓度不应小于球面滑板整体外径的0.03%。

5.2.13 铸造整体成型钢球铰的上球铰、下球铰等铸件的非机加工面外形尺寸的允许偏差应符合现行国家标准《一般工程用铸造碳钢件》（GB/T 11352）的规定。

5.2.14 机加工件外观质量应符合下列规定：
1 与滑板接触的上球铰凸球面的表面粗糙度最大值应不大于 MRR Ramax 3.2，且不应有降低表面质量的印记。
2 销轴和轴套的圆柱面、嵌固滑板的下球铰凹球面及其他自由表面的表面粗糙度最大值应为 MRR Ramax 25。

5.2.15 钢球铰的适用温度范围宜为 -50 ~ +60℃，并应根据当地温度范围进行选材。

5.2.16 钢球铰用钢板的化学成分和力学性能应满足现行国家标准《优质碳素结构钢》（GB/T 699）、《碳素结构钢》（GB/T 700）或《低合金高强度结构钢》（GB/T 1591）的规定，钢板的强度等级不宜低于 Q235。

5.2.17 钢球铰及转体支座用铸钢件材质常温型宜采用 ZG270-500 铸钢材质，化学成分、热处理后的机械性能应符合现行国家标准《一般工程用铸造碳钢件》（GB/T 11352）的规定；耐寒型宜采用 ZG20Mn 铸钢材质，化学成分、热处理后的机械性能和冲击韧性等均应符合现行行业标准《大型低合金钢铸件 技术条件》（JB/T 6402）的规定。化学分析和机械性能用试块应在钢铸件浇筑过程中筑出。

5.2.18 定位骨架应采用型钢焊接，并应采用满焊连接。

5.2.19 钢球铰材料应符合下列要求：
1 焊接钢球铰上、下球铰板材料常温型应采用 Q355B 热轧钢板，耐寒型应采用 Q355D 热轧钢板；其化学成分和机械性能应符合现行国家标准《低合金高强度结构钢》（GB/T 1591）的规定。
2 球铰肋板、套管、端盖、滑道钢板、撑脚钢管、走板、中间板、斜撑板、侧立板材料应采用 Q235B 热轧钢板，其化学成分和机械性能应符合现行国家标准《碳素结构钢》（GB/T 700）的规定。
3 球铰销轴材料应采用 45 号钢，化学成分和机械性能应符合现行国家标准《优质碳素结构钢》（GB/T 699）的规定。

5.2.20 钢球铰在工厂加工制造时，应在下球铰面上按设计位置钻滑板镶嵌孔，并应在下球铰面上设置适量的混凝土振捣孔。

5.2.21 转体支座组装后上、下球铰的平行度允许偏差不应大于直径的 1‰。

5.2.22 转体支座外露表面应平整，漆膜表面应光滑，不应有掉漆、留痕、皱褶等现象。

5.2.23 锚栓、套筒及锚杆表面应采用锌铬涂层及封闭层的方法进行防腐处理，防腐层的技术要求应满足现行国家标准《锌铬涂层 技术条件》（GB/T 18684）中 3 级及以上的相关规定。

5.2.24 套筒及锚杆材料的化学成分和力学性能应符合现行国家标准《优质碳素结构钢》（GB/T 699）的规定。

5.2.25 套管及钢管的尺寸与偏差应符合现行国家标准《结构用无缝钢管》（GB/T 8162）的规定。

5.3 滑道及其定位骨架制作

5.3.1 滑道制造完成后应在厂内进行预拼装检验，滑道直径允许偏差不应大于设计中心直径的 1.5‰，滑道的内外圆周轮廓度允许偏差不应大于设计中心直径的 0.5‰。滑道的固定螺栓与撑脚的径向间隙应不小于 55mm。

5.3.2 滑道应采用分片下料，表面应加工平整，顶面应设置排气孔。

5.3.3 滑道不锈钢板应采用 06Cr17Ni12Mo2、06Cr19Ni13Mo3、06Cr18Ni11Ti 牌号镜面精轧不锈钢冷轧钢板，化学成分及力学性能应符合现行国家标准《不锈钢冷轧钢板和钢带》（GB/T 3280）的规定。

5.3.4 滑道不锈钢板表面应平整、光洁，不应有分层、鼓泡、褶皱和影响适用性能的机械损伤。不锈钢板与基层钢板应采用氩弧焊周边连续焊接，焊接后不锈钢板应与基层钢板密贴，表面不应有褶皱。

5.3.5 滑道滑板可采用聚四氟乙烯板，聚四氟乙烯滑板的外观应符合现行行业标准《桥梁支座用高分子材料滑板》（JT/T 901）的相关要求，滑板的物理机械性能应符合表 5.3.5 的规定。

表 5.3.5 滑板的物理机械性能

项目	聚四氟乙烯板	项目	聚四氟乙烯板
密度（g/cm³）	2.14～2.20	断裂拉伸应变	≥300%
拉伸强度（MPa）	≥30	球压痕硬度（H132/60）（MPa）	23.0～33.0

注：球压痕硬度中 H132/60 为荷载 132N、持荷 60s。

5.3.6 聚四氟乙烯滑板与不锈钢板配合面滑动时，在无润滑状态下滑道滑板的摩擦性能应符合表 5.3.6 的规定。

表 5.3.6 在无润滑状态下滑道滑板的摩擦性能

项目	聚四氟乙烯板			
	技术要求	试验条件		
		试验温度（℃）	平均压应力（MPa）	平均滑动速度（mm/s）
初始静摩擦系数 μ_{st}	小于等于设计值且不大于0.07	23±2	30	0.4

注：括号内平均压应力仅适用于聚四氟乙烯板。

5.3.7 滑道不锈钢板基准厚度不宜小于 3mm。焊接后滑道不锈钢板表面的平面度公差在 3m 长度内应不大于 ±1mm。

5.3.8 当滑道尺寸不便于运输时，可分段加工并运输，并应标记安装序号及安装顺序，在现场进行组装和安装。

5.4 砂箱制作

5.4.1 砂箱内、外箱结合面应平整，平面度误差应小于 0.5mm，合箱后结合面间隙应不大于 0.5mm。

5.4.2 砂箱宜采用焊接式砂箱，钢板厚度应满足设计承载力要求。

5.4.3 卸砂孔宜采用无缝钢管，结构用无缝钢管的化学成分和力学性能应满足现行国家标准《结构用无缝钢管》（GB/T 8162）的规定。

5.4.4 砂箱焊接质量应不低于现行行业标准《工程机械 焊接件通用技术条件》（JB/T 5943）Ⅱ级焊缝质量要求。砂箱焊接完成应进行抛丸除锈，抛丸后应在 4h 内进行喷漆涂装。

5.4.5 砂箱出厂前应在场内进行预压，预压荷载应不小于砂箱设计承载力的 1.1 倍，预压后应采用螺栓固定。

5.4.6 每副砂箱应经制造厂商检验部门检验合格后，并应附有产品质量合格证方可出厂。

5.4.7 砂箱内部应填充干燥细砂，干燥细砂宜为石英砂，砂粒直径宜为 2mm。

5.5 平转动力系统制作

I 单点支承动力系统

5.5.1 牵引系统的牵引索宜采用钢绞线，钢绞线应满足现行国家标准《预应力混凝土用钢绞线》（GB/T 5224）的规定。

5.5.2 动力系统宜采用连续千斤顶，千斤顶应满足现行行业标准《预应力用液压千斤顶》（JG/T 321）的规定。

II 多点辅助支承动力系统

5.5.3 钢绞线牵引上转盘、辅助支承的多点支承平转系统，应采用钢绞线和连续千斤顶作为牵引动力，并应符合本规程第 5.5.1~5.5.2 条的规定。

5.5.4 电机齿轮齿条驱动辅助支撑的多点支撑平转系统，辅助支撑制作应符合下列规定：
1 各结构件应满足辅助支撑整体的强度、刚度、稳定性要求。
2 各结构件应构造简单，便于组装，结构件应采用机加工，加工精度应满足机加工要求，焊缝应满足现行行业标准《工程机械 焊接件通用技术条件》（JB/T 5943）规定的焊接质量要求。
3 滚轮小车宜采用双排短滚子结构，滚子应修形成锥形。
4 齿条和齿轮的半径加工误差控制应为 ±0.5mm，齿轮齿条同心半径安装误差控制应为 ±5mm，主动齿条应设置自适应缓冲装置。

条文说明

规定滚轮小车宜采用双排短滚子结构，是为适应弧形运动。

5.6 撑脚及辅助支承制作

5.6.1 撑脚、辅助支承的钢管宜采用无缝钢管或钢板卷筒加工成型。走板、斜撑板、侧立板、中间板宜采用数控火焰切割机加工。

5.6.2 撑脚、辅助支承各部件之间应采用连续焊缝焊接，焊接质量应不低于现行行业标准《工程机械 焊接件通用技术条件》（JB/T 5943）规定的Ⅱ级焊缝质量要求。

5.6.3 撑脚、辅助支承焊接完成应进行抛丸除锈，抛丸后应在 4h 内进行喷漆涂装。

5.6.4 撑脚、辅助支承宜采用钢结构。

条文说明

若撑脚、辅助支撑采用钢管混凝土结构，转体完成后不便于切割拆除。因此，本规程规定撑脚、辅助支承宜采用钢结构，可采用钢管内嵌套型钢等组合型钢结构确保撑脚、辅助支承的强度和刚度满足要求。规定撑脚、辅助支承宜采用钢结构的目的，是以便于转体完成后进行拆除。

5.7 竖转铰座制作

5.7.1 竖转铰宜采用机加工方式，在工厂配对冲压，圆弧面应精确吻合。

5.7.2 铰座与铰轴的直线度、圆度和表面光洁度等应满足设计要求，机加工前应将附连构件焊接。

条文说明

规定机加工前应将附连构件焊接，是为了避免焊接变形影响加工精度。

5.7.3 竖转铰钢管宜采用机加工，外形尺寸误差应为 $-0.3 \sim +0.5$mm，表面粗糙度应为 Ra6.3，直线度应不大于 0.5mm。

5.7.4 铰座内圆尺寸误差应为 $0.5 \sim 0.8$mm，表面粗糙度应高于 Ra6.3，直线度应不大于 1mm。

5.7.5 铰座与铰轴的接触面应涂抹黄油。

5.7.6 竖转铰加工制作过程应符合下列要求：
1 当竖转铰结构形式为钢板销轴铰时，在制作销轴的连接耳板时，应满足相邻耳板开孔的轴心位于同一直线上，并应满足销轴能从连接耳板圆孔中自由穿插。
2 竖转铰结构形式为钢管混凝土铰时，钢管在制作过程中宜设置出浆孔、注浆孔等孔洞。
3 出厂前，应对竖转铰进行预拼，对其尺寸进行测量，并记录相关数值。

5.8 竖转起重动力系统制作

5.8.1 牵引设备宜采用预应力用液压千斤顶，并应符合现行行业标准《预应力用液压千斤顶》（JG/T 321）的规定。

5.8.2 扣索应采用钢绞线加工制作，钢绞线应满足现行国家标准《预应力混凝土用钢绞线》（GB/T 5224）的规定。

5.9 转体装置运输

5.9.1 转体装置运输前，应对运输线路进行勘查，依据设备的最大运输尺寸、重量，掌握沿途公路、桥梁、桥涵的最大通过能力，制定合理可行的运输方案，并应提前对运输人员进行安全、应急预案等培训。

5.9.2 转体装置在运输过程中应使用捆扎方式固定。

5.9.3 在储存运输过程中，转体装置应有防雨雪浸淋设施，并应保持整洁，不应与酸、碱、油类、有机溶剂等影响转体球铰质量的物质接触。卸装时应轻起轻落，不应损伤部件。

5.9.4 转体装置整体运输困难时，应单独分开运输，并应采取防磕碰、变形措施。

5.9.5 桥梁转体装置在储存、运输过程中应密封并保持清洁，分部运输时应标记各部件序号及安装顺序。

6 转体结构施工

6.1 一般规定

6.1.1 转体结构施工应充分利用地形，合理布置施工场地。

6.1.2 转动装置预制部件进场应进行检查、验收，各项指标应满足设计及相关规范要求。

6.1.3 现场制造构件的材料选取、加工制造质量应符合设计和相关要求。

6.1.4 转体施工应编制专项施工方案，并应经专家评审。

6.2 单点支承平转系统施工

Ⅰ 工艺流程

6.2.1 单点支承平转系统转体结构施工可按图 6.2.1 所示工艺流程进行。

Ⅱ 下盘施工

6.2.2 下盘混凝土宜分层浇筑，分界面应结合球铰下套管底面高程、定位骨架高程、滑道顶面高程、水化热控制需求确定；其施工应符合下列规定：
1 在混凝土浇筑前应将下球铰、滑道钢板和千斤顶反力座预埋钢筋等精确定位并固定。上下盘之间需设置型钢等抗拉装置时，下盘混凝土浇筑时应进行型钢预埋并精确定位。
2 球铰销轴的预留槽应准确定位，混凝土浇筑时应采取防上浮措施。
3 球铰定位骨架及滑道钢板骨架安装时应确保前一层混凝土强度达到设计强度的30%以上，浇筑前应核实定位预埋件的轴线、高程及尺寸，并应符合设计要求。
4 混凝土浇筑时应通过球铰和滑道上设置的预留孔，对球铰及滑道下方的混凝土进行振捣，并应设置排气孔，球铰及滑道底部的混凝土浇筑应振捣密实，不得出现混凝土空洞、蜂窝等现象。
5 混凝土浇筑过程中应控制水化热，并应结合实际情况采取温控措施；当采用冷却管降温时，在混凝土浇筑过程中应保护冷却管不被堵塞和震坏。

6 下盘混凝土浇筑完48h后，方可进行后续施工。如下盘设置有纵、横向预应力时，预应力钢束张拉施工应满足设计要求，设计无要求时，应在下盘混凝土强度达到设计强度的95%、弹模达到85%后，进行预应力张拉、压浆、封锚。

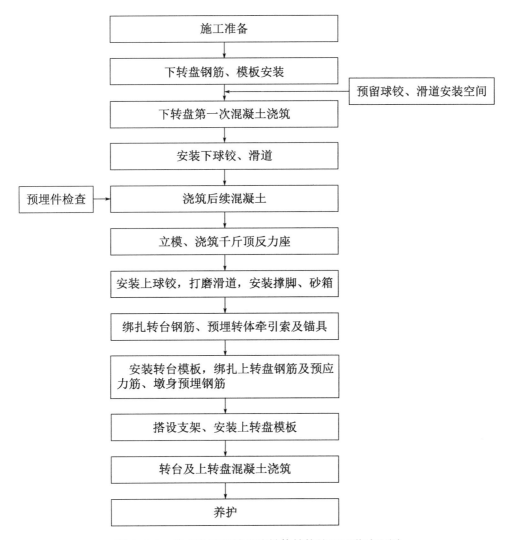

图 6.2.1 单点支承平转系统转体结构施工工艺流程图

条文说明

转体梁段浇筑前，上、下盘间应设置临时支撑，临时支撑应满足施工过程中最大竖向力和最大不平衡弯矩的受力要求。上部梁体采用支架法施工的，安装砂桶即可；采用悬臂浇筑方式的，除安装砂桶，尚应在上下盘间设置型钢等抗拉装置。

6.2.3 下球铰安装前应先安装下球铰定位骨架，其施工应满足下列规定：

1 下球铰定位钢板应与下盘钢筋连接，预埋位置应与定位骨架尺寸匹配。

2 下球铰定位骨架的定位误差应不大于10mm，骨架调整完成后应将下承台架立角钢与定位骨架预留钢筋焊接牢固。

3　混凝土的浇筑过程中不应扰动下球铰定位骨架。

4　施工前应根据下球铰定位骨架尺寸合理布置定位钢板，定位钢板应与承台钢筋连接牢固。

5　球铰定位骨架及环道钢板骨架安装时应确保前一层混凝土强度达到设计强度的30%以上。

6.2.4　滑道定位骨架施工应符合下列规定：

1　滑道定位骨架的平面尺寸应满足滑道钢板的布置要求，并应与下盘钢筋连接牢固。

2　滑道定位骨架及钢板应满足设计要求，精确定位后应与下盘预埋件焊接固定。

3　滑道定位骨架定位误差应不大于10mm，骨架调整完成后应将下承台架立角钢与骨架预留钢筋焊接牢固。

4　滑道和定位骨架之间应设置调节螺栓，对滑道钢板可进行精确调整高差。

5　混凝土的浇筑过程中不应扰动滑道定位骨架。

6.2.5　滑道的安装与固定应符合下列规定：

1　滑道应采用圆环形布置，在下盘第一次浇筑前，宜先将滑道钢板和定位骨架分段拼装，浇筑后分段吊装至设计位置，然后将滑道钢板精确调整到位。滑道安装时应根据结构特点分段设置吊点，吊装过程中不应出现变形。

2　滑道调整至设计位置后应用精调螺栓与滑道定位骨架栓紧，安装后滑道顶面应在一个水平面上，相邻滑道钢板拼接平面高差允许误差应不大于0.5mm。

3　滑道钢板拼接焊缝应打磨平整。

4　滑道在安装到位后应采取防尘、防腐、防锈措施。

6.2.6　滑道面板采用不锈钢板时，其安装应符合下列规定：

1　滑道面板安装前应对位置和高程复核，滑道位置应符合设计要求，顶面应在同一水平面。

2　不锈钢板底面与滑道顶面钢板应衔接紧密，不锈钢板边缘应与滑道面板作断焊固定处理。

3　不锈钢板接缝应衔接严密，宜采用饱满、连续焊缝连接。

4　焊缝应打磨平整、光滑，表面高差应不大于0.5mm。

条文说明

滑道钢板上可粘贴四氟板，也可粘贴不锈钢板，其目的是减小环道与走板之间的摩擦力。在环道预埋钢板面上粘贴四氟滑板时，应进行加压，并应每隔1m用栓钉连接。

6.2.7 千斤顶反力座混凝土应与下盘第二层混凝土同时浇筑。

6.2.8 临时锁定装置施工应符合下列规定：

1 在上转盘和下盘之间设置的临时锁定装置应满足刚度、强度要求，上、下盘及梁体结构应不发生相对位移和转动。

2 临时锁定装置应沿转盘中心线在滑道两侧对称布置，宜用精轧螺纹钢、型钢等将上转盘与下盘锁定，精轧螺纹钢或型钢预埋深入上、下盘应不小于50cm。

Ⅲ 球铰安装

6.2.9 钢球铰安装应符合下列要求：

1 下球铰和定位骨架之间应设置三向调节装置，安装过程中球铰外环面应水平，中心立管应竖直，安装精度应满足设计要求，下球铰精密对位后应与下球铰定位骨架定位板锁定。

2 下球铰安装前应检查下盘球铰表面椭圆度及构造，并应满足设计加工要求，检查合格后应吊装下球铰至设定位置，进行水平位置限位。

3 下球铰现场组装时，下盘球铰的锚固钢筋及调整螺栓的安装应为螺栓连接，其他构件均应在厂内进行焊接组装完成。

4 下球铰与球铰定位骨架间应设精调螺栓或其他调节装置，当下球铰骨架吊放至设计定位钢板处时，应通过千斤顶等工具进行粗调，然后采用测量仪器精确定位轴线和高程，调整后应将定位骨架与定位钢板焊接牢固。

5 球铰精确定位及调整完成后，应对下盘球铰的中心位置、高程、平整度进行复查。中心位置宜采用全站仪检查，高程宜采用精度为0.5mm的精密水平仪多点复测。竖向应利用调整螺栓与横梁之间拧紧固定，横向应利用下盘上预埋钢筋固定。

6 下球铰混凝土灌注前应将球铰中心轴的预埋套筒精确定位并固定。

7 球铰中心销轴的强度和刚度均应符合设计要求，中心销轴应设置套筒，销轴安装后垂直度允许偏差应不大于2‰。

8 上下球铰外圈间隙应一致，试转结束后，应调整上球铰保持水平，并应将上下球铰临时整体固定。

条文说明

1 定位钢板可选用不小于10mm厚普通钢板切割而成，根据施工需求及球铰厂家指导的建议综合确定预埋位置及尺寸。

2 缝隙密封宜选用耐候性强的宽胶带。

6.2.10 下球铰混凝土灌注完成后，应在下盘预埋套筒中放入转动中心销轴，并安装球面滑板，球面滑板安装应符合下列规定：

1 球面滑板安装前，应将下球铰顶面清理干净，球铰表面及安放滑动片的孔内不得有杂物，并应将球面吹干。

2 球面滑板的编号应与镶嵌孔对应，其顶面应位于同一球面上，误差不应大于1mm。

3 球铰凹面上应按照由内到外的顺序安装球面滑板，并应采用四氟混合润滑脂填满球面滑板的间隙，四氟混合润滑脂应高于球面滑板，其厚度不宜小于1mm。

4 涂抹完四氟混合润滑脂后，应尽快安装上球铰。

6.2.11 球面滑板安装完成后应安装中心销轴和上球铰，其安装应符合下列要求：

1 中心销轴套筒中应填入锂基润滑脂。

2 中心销轴在套筒中的垂直度与间隙应符合设计要求。

3 吊装上球铰前，应将上球铰底面用擦洗干净，均匀涂抹少量润滑脂。

4 上球铰应对中安装于下球铰之上，并应保持水平，上下球铰外圈间隙应垂直并保持一致。

5 上球铰安装完毕后应进行球铰试转，宜将其沿顺时针、逆时针方向分别转动2圈，使球铰内四氟混合润滑脂均匀布于球铰上下盘之间，同时将多余的四氟混合润滑脂挤出，试转无误后球铰应临时锁定限位。

6 上下球铰边缘的缝隙应密封。

6.2.12 转体支座安装应符合下列规定：

1 安装前应检查转体支座，转体支座应完整，各连接处的螺栓应紧密固定，不得任意松动临时连接螺栓。

2 检查转体支座标识，上下支座板中心应对正。检查与转体支座上、下钢板贴合的混凝土或水泥砂浆面，并应清洁无油渍。

3 转体支座应采用锚碇钢棒和螺栓与墩台连接，墩台顶面支承垫石部位应设置预留锚棒孔，预留孔直径应大于锚棒直径60~80mm。

6.2.13 转体支座灌浆应符合下列规定：

1 转体支座灌浆宜使用重力灌浆法施工，施工垫石高度应比原设计高度低30~50mm。

2 灌浆时应确保空隙全部被砂浆灌满。灌浆至砂浆从下支座板底面冒出为止，砂浆应高出支座下支座板底面2~5mm。

条文说明

转体支座灌浆施工工序：

第一步：凿毛支承垫石上表面，露出粗集料，呈坚固不规则表面，清除预留孔中的杂物，并用水将自承垫石表面浸湿。

第二步：吊放转体支座于支承垫石上，用千斤顶调整转体球铰高度和平整度，调整完成后使用垫块与垫片塞住下支座板与垫石之间的间隙，后拆除千斤顶。

第三步：转体支座封模前，在灌浆管一端安装一个漏斗，另一端深入预留孔内，在重力作用下，通过漏斗和灌浆管将无收缩灌浆料灌入预留孔内，然后迅速抽出灌浆管。

第四步：封模灌浆。待各项预留孔灌浆完成后，立即在球铰四周封模，然后将灌浆管伸入转体球铰下平面中心位置，从支座中心向四周灌浆，采用压浆设备进行灌浆。

第五步：灌浆前，应初步计算所需的浆体体积，灌注实用浆体数量不应与计算值产生过大误差，应防止中间缺浆。灌浆材料终凝后，拆除模板及四角钢楔块，检查是否有漏浆处，必要时对漏浆处进行补浆，并用砂浆填堵钢楔块抽出后的空隙。

第六步：灌浆料强度达到设计要求之前，不可使转体球铰受到碰撞或在其上方进行任何作业。

第七步：拆除临时边模板后应仔细检查泥砂浆表面，确保表面无裂纹。待砂浆达到设计强度后拧紧锚栓，完成转体球铰的安装。

Ⅳ 上转盘施工

6.2.14 上转盘施工应符合下列要求：

1 转盘底模、侧模可采用木模板，转台侧模为圆形，上转盘上应设置牵引索出口槽。

2 牵引索在上转盘混凝土内的预埋端应采用锚具固定端锚固，固定端加固钢筋施工应符合现行行业标准《钢筋焊接及验收规程》（JGJ 18）的规定。

3 同一对牵引索的锚固端应在同一直线上并对称于上转盘圆心，一对索的牵引力应形成平行力偶。每根索的预埋高度和牵引方向应一致。

4 牵引索埋入转台长度应不小于设计要求长度，每根索的出口点应对称于转盘中心高程，牵引索的高程应与牵引反力座槽口高程相对应。

5 牵引束穿出转台外圈模板后，应对钢绞线喷淋防锈油并用毛刷涂抹均匀，并应将钢绞线包扎好，待上转盘浇筑、拆模后再将钢绞线盘绕固定在上转盘上。

6 上转盘钢筋施工时，预埋墩身钢筋深入承台内长度应符合设计要求。

7 上转盘混凝土施工时，应在适当位置预留上、下承台封铰混凝土下料通道，宜在其上预留数量足够、孔径适当的混凝土振捣孔和排气孔，用于处理转盘封固混凝土缺陷的注浆孔。

6.2.15 上转盘施工前应布置撑脚和砂箱，上下盘之间应预留足够的转体施工、操作空间，并宜不小于1.5m。

6.2.16 撑脚安装应符合下列规定：

1 撑脚在上转盘的埋置深度应满足设计要求，当设计无要求时，埋置深度不宜小于 500mm。

2 撑脚下部宜采取合适的支垫措施，撑脚与滑道的有效间隙应为 10～20mm。

3 撑脚与滑道之间的滑块应有明确的滑动面，转动体应稳定滑动，转动前撑脚底部宜安装聚四氟乙烯滑板。

4 撑脚应设置成稳定平面，并应均匀对称布置在上转盘周边，撑脚中心应与滑道中心线垂直。

5 撑脚安装高度允许误差宜控制在 ±1mm。

6 撑脚安装完成后，应在撑脚与环道的间隙安装楔块临时锁定，上、下盘在转动前应不发生相对滑动。

条文说明

撑脚即转体时支承转体结构平稳的保险腿，转体时撑脚在滑道内滑动，以保持转体结构的平稳性，同时也能承受转体过程中的不平衡力，以保证转体结构的平稳，防止结构不平衡导致倾覆。

在撑脚的下方设有滑道，滑道面放置 5mm 厚聚四氟乙烯板。在下盘混凝土浇筑完成上球铰安装就位时即安装撑脚。为确保上部结构施工时转盘、球铰结构不发生移动，应采用钢楔将撑脚与滑道之间楔死。

V 牵引系统施工

6.2.17 牵引索宜采用钢绞线，并应符合下列规定：

1 牵引索数量、规格、锚固长度及缠绕方式等应符合设计要求，并应对称设置在上转盘，且不应少于 2 束，端部应锚固于上转盘混凝土。

2 预埋于上转盘的转体牵引索固定端应与上转盘外圆相切，牵引索缠绕时应逐根顺次沿着既定索道排列，宜对称转盘圆心设置，钢绞线和上转盘预留的连接钢筋在竖向应无冲突。每根索的预埋高度和牵引方向应一致，每对索的出口点应对称于转盘中心。

3 预埋时应清除钢绞线表面的锈迹、油污，牵引钢绞线外露部分应采取防腐和保护措施。

6.2.18 牵引设备宜采用同步控制连续千斤顶，并应符合下列规定：

1 千斤顶应水平、对称地布置于牵引反力座槽口后方，中心线应与上转盘外圆相切，千斤顶作用点的高度应与上转盘预埋钢绞线的高度一致。

2 千斤顶的实际总牵引力不应小于计算牵引力的 2 倍。

3 连续千斤顶背后的作业空间应满足钢绞线张拉及收放要求。

6.3 多点支承平转系统施工

I 工艺流程

6.3.1 钢绞线牵引上转盘的多点支承平转系统，其转体系统施工流程应符合本规程第6.2.1条的规定。钢绞线牵引辅助支承的多点支承平转系统，其转体系统施工流程应按图6.3.1-1执行。电机齿轮齿条驱动辅助支撑的多点支撑平转系统，其转体系统施工流程应按图6.3.1-2执行。

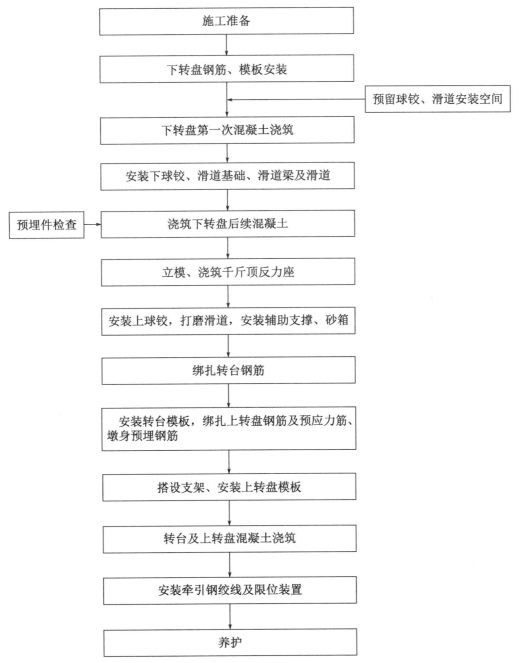

图6.3.1-1 钢绞线牵引辅助支承的多点支承平转系统转体施工工艺流程

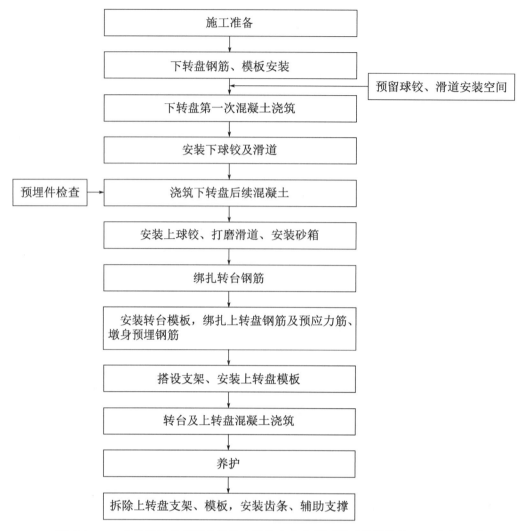

图 6.3.1-2 电机齿轮齿条驱动辅助支撑的多点支撑平转系统转体施工工艺流程

Ⅱ 下盘施工

6.3.2 钢绞线牵引上转盘的多点支承平转系统，钢绞线牵引辅助支承的多点支承平转系统，下盘施工应符合本规程第6.2.2、6.2.3条的规定。

6.3.3 电机齿轮齿条驱动辅助支撑的多点支撑平转系统，当滑道及齿条设置在下盘上时，下盘施工时应预埋后期安装齿条的钢筋预埋件。

6.3.4 多点支撑转体系统，应考虑振动影响要求值，并应考虑滑道安装误差对撑脚反力值的影响，滑道整体水平度允许偏差应为±2mm。电机齿轮齿条驱动的多点支撑转体系统，撑脚宜设置适应轨道不平顺的装置。

Ⅲ 中心支承施工

6.3.5 多点支承平转系统的中心支承系统可采用转体球铰或转体支座形式，其安装应符合本规程第 6.2.9~6.2.13 条的规定。

Ⅳ 辅助支承施工

6.3.6 当滑道设置在下盘上时，滑道安装应符合本规程第 6.2.4~6.2.6 条的规定。

6.3.7 当需单独设置滑道梁时，滑道梁及滑道施工应符合下列规定：

1 滑道基础承载力应满足设计要求，采用高压旋喷桩和钻孔灌注桩时，应符合桩基施工相关规定。

2 立柱可采用钢管柱，立柱间应采用连接系杆连接成一个整体，滑道梁应设置于钢管立柱顶，可采用钢板焊接而成的小型钢箱梁，轨道梁应在厂内加工制造，并应分节段进行吊装，节段间应进行焊接固定。

3 滑道梁灌浆应密实无空洞，在灌注过程中灌浆料应连续匀速灌入，并应利用附着式振动器排除箱体内的气泡。

4 滑道梁灌注过程中应随机抽取试样并制作试件，并应在同条件养护 3 天后检验其抗压强度，抗压强度应不小于 50MPa。

5 滑道梁的安装平整度应满足设计要求，其整体平整度误差不宜大于 5mm，局部高差不宜大于 2mm/m，滑道梁中心与球铰中心允许偏差应不大于 5mm。

6 正式转体前应对滑道梁按 1.2 倍转体荷载进行预压。

7 滑道系统可分节吊装至滑道梁上，应采用调平螺母调整滑道系统的高程与水平度，倒链调整滑道系统的中心位置；安装完成后应采用全站仪对滑道系统的高程及中心进行复测，复测无误后应将滑道系统与滑道梁固结。

条文说明

本条第 6 款规定的正式转体前应对滑道梁按 1.2 倍转体荷载进行预压，是为了消除转动过程中滑道梁的变形。

6.3.8 钢绞线牵引上转盘、钢绞线牵引辅助支承的多点支承平转系统，其辅助支承系统安装应符合本规程第 6.2.16 条的规定。

6.3.9 电机齿轮齿条驱动辅助支撑的多点支撑平转系统，齿条宜采用分段设置，齿条安装应符合下列要求：

1 对导向轮固定环与齿条固定环的中心及高程定位后，应与预埋钢筋焊接固定；固定环底面增设钢板模后应进行混凝土浇筑。

2 导向轮承压环应与齿条中心及高程定位，导向轮承压环应与导向轮固定环焊接固定，齿条应通过套筒螺栓与齿条固定环焊接固定。

3 在齿条齿面上应涂抹黄油。

4 齿条安装精度在圆心方向允许偏差应不大于 5mm，背向圆心允许偏差应不大于 2mm，与理论高程高度差应不大于 2mm。

5 在齿条的起止端应设置防撞装置。

条文说明

导向轮固定环和齿条固定环连接固定如图 6-1 所示，支模板浇筑混凝土如图 6-2 所示，齿条和导向轮承压环的安装如图 6-3 所示。

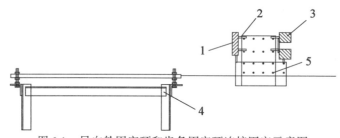

图 6-1 导向轮固定环和齿条固定环连接固定示意图
1-导向轮固定环；2-连接固定筋；3-齿条固定环；4-滑道；5-预埋钢筋

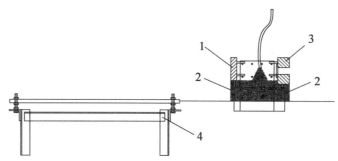

图 6-2 支模板浇筑混凝土示意图
1-导向轮固定环；2-钢模板；3-齿条固定环；4-滑道

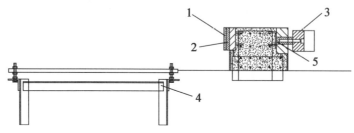

图 6-3 齿条和导向轮承压环的安装示意图
1-导向轮承压环；2-连接块；3-齿条；4-滑道；5-螺栓套筒组件

6.3.10 电机齿轮齿条驱动辅助支撑的多点支撑平转系统，辅助支承系统安装应符合下列规定：

1 辅助支承中，自锁式千斤顶及固结斜撑以下的结构应进行整体安装，自锁式千斤顶及固结斜撑应在转体称重配重完成后进行安装。

2 自锁式千斤顶的顶力加载到设计值后，应对自锁式千斤顶进行锁定，然后焊接固结斜撑。自锁式千斤顶的位置允许偏差不宜大于 5mm，转体前，千斤顶的顶升力值允许偏差不宜大于设计值的 5%。

3 减速机安装时其中心与齿轮的中心允许偏差应不大于 5mm。

4 齿轮安装时其中心与理论中心允许偏差应不大于 5mm。

5 辅助支撑安装后的径向中心线允许偏差不宜大于 10mm，水平高差不宜大于 10mm。

6 辅助支撑系统安装完毕应覆盖保护。

V 上转盘施工

6.3.11 多点支承平转系统的上转盘施工应符合本规程第 6.2.14、6.2.15 条的规定。

VI 转体动力系统施工

6.3.12 钢绞线牵引上转盘的多点支承平转系统，其转体动力系统施工应符合本规程第 6.2.17、6.2.18 条的规定。

6.3.13 钢绞线牵引辅助支承的多点支承平转系统，其转体动力系统施工和安装应符合本规程第 6.2.17、6.2.18 条的规定，并应符合下列要求：

1 滑道内侧应设置导向装置，转体过程中钢绞线应沿圆弧切线受力。

2 钢管混凝土立柱应在设计位置设置锚固装置，钢绞线和立柱应连接可靠。

6.3.14 多点支承转体系统，转体前上、下盘间应设置临时固结，上部梁体采用支架法施工时，应安装砂桶；采用悬臂浇筑方式时，应安装砂桶，并应在上下盘间设置抗拉装置。

6.4 竖转临时结构验算

6.4.1 桥梁竖向转体临时结构应验算，设计荷载主要分为恒载和活载，荷载取值应符合下列规定：

1 恒载应为提升塔架结构自重荷载以及主体结构自重荷载，活载应为施工荷载、风荷载、温度荷载。

2 施工荷载为施工期间人员、操作设备及装置作用于结构上的荷载，应包括前吊点结构、索鞍、风缆等，施工荷载可根据实际结构重量和现行国家标准《建筑结构荷载规范》（GB 50009）取值。

3 风荷载应包括工作和非工作状态下的最大风速作用于结构上的荷载，最大工作风速可按 6 级取值，最大非工作风速应按项目所在地的气象资料确定，风剖面系数、结构阻力系数等其他参数可按现行行业标准《公路桥梁抗风设计规范》（JTG/T 3360-01）的规定取值。

4 温度荷载应根据当地气象条件取值，宜取 15～20℃降温及升温荷载计算。

6.4.2 在进行竖转临时结构施工阶段验算时，宜采用荷载基本组合和荷载标准组合；荷载基本组合计算结果应用来对结构构件的强度及稳定性进行验算，荷载标准组合计算结果应用来评价和分析结构的刚度，荷载组合形式可按现行国家标准《建筑结构荷载规范》（GB 50009）的规定计算。

6.4.3 桥梁竖向转体临时结构计算应分为整体计算和局部计算，整体计算和局部计算均应满足设计要求，临时结构整体方案应可行，关键部位的结构应安全。

条文说明

整体计算是对竖转施工过程中各个工况下的结构进行计算，明确转体结构内力、扣索索力、支架系统内力以及转体结构体系的整体稳定情况，确保总体方案可行。局部计算是在整体计算的基础上，对转体施工中需控制的关键部位进行详细的计算，确保关键部位的结构安全。

6.4.4 竖向转体施工时，临时结构应进行整体验算，并应包括下列内容：
1 竖向转体各工况下提升塔架的强度、刚度、稳定性验算，重点包括塔脚反力、塔顶位移、塔架应力、塔架屈曲稳定性、塔架杆件稳定性验算。
2 竖向转体各工况下的索力计算。
3 竖向转体各工况下后锚结构稳定计算。

6.4.5 竖向转体施工临时结构局部验算应包括下列内容：
1 扣索锚固端节点应力验算，包括耳板、耳板加劲、销轴等结构应力验算。
2 索鞍应力、变形验算。
3 后锚点验算，包括锚座结构应力、变形验算，预埋件应力及焊缝验算，混凝土承载力验算。
4 提升塔架底部预埋件抗拔验算。
5 提升塔架连接节点局部应力和变形验算。
6 转铰局部应力验算。

6.4.6 竖转临时结构计算应包括以下施工工况：
1 非工作风速下，提升塔架安装完成后自立状态。
2 工作风速下，提升塔架单边挂索状态。
3 工作风速下，扣索及锚索各个偏心预紧状态。
4 工作风速下，转体结构各个转动阶段。
5 工作风速下，转体结构转动到位。
6 非工作风速下，转体结构转动到位。
7 非工作风速下，转体结构合龙。

条文说明

（1）提升塔架在安装过程中因两侧锚索受力变化引起塔身的偏移，塔身偏移值应满足相关规范要求。

（2）转动系统结构受力随施工阶段进行改变，应对每一施工阶段受力情况进行分析，避免漏掉关键工况或最不利工况。

6.5 竖转系统施工

Ⅰ 工 艺 流 程

6.5.1 竖转系统施工应按图6.5.1所示工艺流程进行。

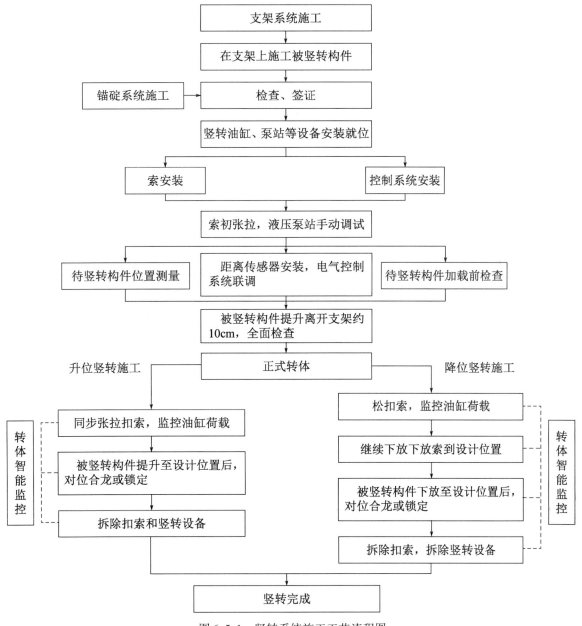

图 6.5.1 竖转系统施工工艺流程图

II 锚碇、提升塔架、竖转铰基础施工

6.5.2 墩台前应有适合预制拱圈或拼装钢管拱肋和竖转所需的地形和场地，场地地基应进行承载力检测，支架应进行强度、刚度、稳定性验算，并应进行预压处理，消除非弹性变形。

6.5.3 竖转的竖转铰、提升塔架、锚碇、压塔索、扣索及锚索等应符合设计要求，未经检查验收，不得进行竖转系统施工。

6.5.4 后锚固体系的施工应符合下列要求：
1 后锚固体系应按设计文件、规范及相关标准进行施工。
2 在锚碇位置应设置张拉锚索的设备；锚碇施工时，应采取防止锚索和预应力钢材孔位干扰的措施；浇筑的锚碇混凝土应达到设计强度的50%后，方可将轴套穿入上下轴套和环套中。
3 采用型钢锚固体系时，锚点构件制造应按设计要求进行抛丸除锈、表面涂装和无损探伤等工作，出厂前应对构件连接进行试拼。
4 锚固体系中采用的锚索应进行相关试验，试验合格方可使用。
5 预应力锚固体系，预应力张拉与压浆工艺应按设计要求进行，锚头应安装防护套，并应注入保护性油脂，加工件应进行超声波和磁粉探伤检查。
6 采用隧道式锚碇混凝土施工时，锚体应与岩体结合良好，宜采用补偿收缩混凝土。
7 位于高陡边坡上的锚碇系统应进行山体整体稳定性分析，当采用岩锚时还应进行相关试验，确认合格后方可进行转体施工。

6.5.5 扣索应与提升塔架纵向连接牢固，提升塔架应设置上下步梯、塔顶工作平台、栏杆、踢脚板等。

6.5.6 竖转铰基础宜为大体积混凝土，在混凝土浇筑过程中应采取降低混凝土水化热的措施；在转铰基础施工时，预留孔洞的设置以及预埋件的预埋部位混凝土，应采取插捣或振捣至其底部混凝土密实。

6.5.7 需要承受竖向转体过程中传递荷载或拼装（浇筑）过程中承受竖转结构自重的墩、柱，应按设计文件及施工规范要求在竖转前进行施工。

III 竖转铰施工

6.5.8 竖转铰安装应符合下列要求：
1 转铰安装前应进行检查验收，根据加工制作误差反算安装的实际坐标值，并应

按实际坐标值进行调整。

2 铰座基础为混凝土结构时，基础混凝土浇筑时应预埋连接固定铰座的预埋件，并应精确定位；铰座基础为钢结构时，铰座及钢结构基础的加工制作精度应符合设计要求，并应满足安装精度。

3 竖转铰安装时应精确测量放样，宜在铰座的两侧分别设置限位钢板，在限位钢板上应准确标定出铰心位置，并应以此控制安放铰座钢板精确就位。

4 竖转铰安装时应设置型钢定位支架，在型钢支架上应沿横桥向、纵桥向、高程三个方向布置千斤顶。

5 竖转铰安装过程中，拱座活动铰预埋件与转动轴之间宜预涂黄油。

6 竖转铰安装过程中应根据竖转铰体系的组成结构、吊装设备的吊装能力、固定竖转铰的支架、调节竖转铰坐标的千斤顶系统等现场情况，制定安装顺序。

7 竖转铰安装完后，应按照设计文件及规范要求进行验收，并应设置铰轴锁定装置。

8 转铰基础施工过程中，应预埋用于调整竖转铰位置的牢固型钢支架。竖转铰安装过程中，应根据竖转铰的加工制作误差对其位置进行适当的调整，竖转过程中转轴应灵活、受力均匀和就位准确。

6.5.9 混凝土铰座应分两次浇筑混凝土，应符合下列规定：

1 第一次浇筑宜至铰座加劲板底面以下10cm，浇筑时宜在加劲板两侧预埋型钢。

2 第二次浇筑拱座混凝土，浇筑时应遵循先低后高的原则，应先将铰座前口底面混凝土浇筑密实，再由下至上浇筑铰座后混凝土，铰座与拱座之间应无空洞。

条文说明

竖转铰铰座是在灌注拱座混凝土时预埋的，其安装精度对拱肋转体到位后的横桥向偏差影响甚大，同时铰座背面混凝土浇筑的密实程度对竖转铰和拱肋的结构安全至关重要。

Ⅳ 起重动力系统施工

6.5.10 扣索、缆风索施工应符合下列规定：

1 扣点应设在梁悬臂端点或拱顶点附近，控制好扣索合力作用点的位置，使桥体截面应力处于允许的受力状态；扣索的位置宜与拱肋在同一竖直面内。

2 扣索锚点高程不应低于扣点，宜与通过锚点的水平线呈0°~5°的角度。

3 宜用千斤顶张拉扣索，张拉力应先按设计张拉力控制，再按桥体脱开支架的要求适当调整。

4 张拉前应设立桥轴向支承以及拱体轴线上拱顶、3/8、1/4、1/8跨径处的平面位置和高程观测点，在张拉前和张拉过程中应随时观测。

5 根据竖转施工方案确定索的长度，应采用砂轮机现场切割，并应采取保护措施。

6 钢绞线应分左旋和右旋两种，两种钢绞线应各占一半，在转体油缸中，相邻两根钢绞线的旋向应相反。

7 钢绞线安装时，应设置疏导板，钢绞线排列应整齐、无交叉现象；钢绞线安装完成后应进行预紧，每个油缸一束钢绞线的每根钢绞线受力应基本一致。

6.5.11 竖转动力系统安装应符合下列规定：

1 竖转起吊设备应采用液压连续千斤顶，千斤顶、油泵、控制柜在使用前应试运行。

2 从拱肋上的构件夹持器，通过索鞍进入千斤顶的钢绞线与千斤顶的中心线应在同一铅垂线内，钢绞线偏移铅垂线的角度应不大于2°。

3 提升千斤顶在出厂前应按现行行业标准《预应力用液压千斤顶》（JG/T 321）进行1.25倍的超载试验。

4 转体动力系统应设置足够泵站数量，每台油缸应能独立动作，流量宜可调。油缸应根据转体结构特点，设置油缸数量及吨位大小。

7 转体与控制

7.1 一般规定

7.1.1 转体控制系统运行应经过空载联试，确认无问题后方可投入使用。

7.1.2 转体前应对各项准备工作及转体设备进行检查、试验。

7.1.3 桥梁正式转体前应进行不平衡称重及试转体，根据所测数据确定配重、牵引力、转体速度等。

7.2 转体准备

7.2.1 转体施工前应清除转体范围内障碍物，转体区域内各项安全保障措施应设置到位。转体施工前宜采用信息技术等手段模拟桥梁转体全过程，进行碰撞、位移、用时等内容分析，并应落实转体后桥上后续施工不再对运营线造成影响。

7.2.2 施工单位应按照相关规定与要求，向产权单位提交跨越铁路、道路、河道等申请，办理相关审批手续，获得批准后方可施工。跨越铁路线的转体施工应按照铁路管理部门相关规定划分邻近营业线施工类别。

7.2.3 水平支承转体结构施工准备，应符合下列要求：
1 转体施工前应全面清理梁体内外、滑道表面杂物及其他有碍转体的障碍物，施工预留孔洞应进行封堵。
2 转体施工前，应完成上跨既有铁路和公路部分位置的护栏、防落物网、声屏障、泄水管、竖墙、遮板、栏杆等桥面附属结构工程施工。
3 采用单点支承平转施工时，转体施工前应检验球铰、滑道、撑脚、砂箱安装质量与精度，复核牵引索布置、缠绕方向；转体施工前应检查滑道与撑脚间的空隙，并应铺装聚四氟乙烯滑板。
4 转体施工前，应先对称拆除上下盘之间临时固结装置，再拆除支承砂箱，完成临时支撑到球铰支撑的体系转换。拆除临时支撑时应监测梁体轴线、顶面高程。临时支撑拆除后，应全面检查转体结构各关键受力部位，不得有裂缝及异常情况。

5 合龙段用挂篮、吊架、壳模等需要在转体前安装时，安装完成后应进行检查，安装应牢固。

6 采用电机齿轮齿条驱动辅助支撑的多点支撑平转系统施工时，电机齿轮齿条动力系统应设置径向限位装置，驱动齿轮应与齿条啮合；齿轮齿条驱动系统在实桥安装前，应进行预拼装试验和空载联试，确认无误后再投入使用。

7.2.4 竖转转体结构施工准备，应符合下列要求：

1 主拱肋拼装几何线形、转动体的整体施工质量、拱座混凝土强度、过渡墩顶后锚的安装等应进行检查验收。

2 安装布设的监测点、导线进行检查，对拱肋、提升塔架、拱座等监控点的内力、温度等监测项目应进行初读数。

3 安装扣索和张拉千斤顶，连接控制系统，扣索应进行预紧，调整各扣索垂度均匀、受力均衡。

7.2.5 转体施工前，人员准备应符合下列要求：

1 应成立专门的组织机构，明确各岗位人员责任、每道工序时间、施工质量要求。

2 所有管理人员、技术人员、施工人员应进行施工方案培训，熟悉相关工艺、技术要求及质量标准，并应按照既定的施工方案及操作规程进行作业。

3 转体施工前，应至少进行一次全员空载联试，各岗位人员在统一指挥下，按施工组织程序预演各项内容。

4 转体设备操作人员应持证上岗，非施工人员不得进入施工区域。

7.2.6 转体施工前，设备准备应符合下列规定：

1 牵引、助推、驱动设备应具备合格证及标定报告，各设备应能正常工作，并应配置备用设备。

2 各转动设备应按设备平面布置图安装就位，并应连接主控台、泵站、千斤顶间的信号线，泵站与千斤顶间的油路应畅通。

3 施工现场应配备自发电源，并应能在3min内完成电源切换。

7.3 平转称重试验及配重

7.3.1 转体施工前，应将支架与梁体脱离，并应通过称重试验测试转体桥梁不平衡力矩，称重试验应符合本规程附录A的规定，并应包含下列内容：

1 按本规程附录B的规定，记录称重试验顶升力与位移值、称重试验计算结果。

2 计算含预配重转动体部分的不平衡力矩。

3 计算含预配重转动体部分的偏心距。

4 计算转体球铰的摩阻力矩及摩擦系数。

5 出具转动体的配重实施方案及配重后偏心距。

7.3.2 称重试验应在上部梁体构造施工完成，转动系统临时固结完全解除以及试转前进行。

7.3.3 称重设备及仪器使用前应经过标定及校准。

7.3.4 当转动体不平衡偏心距小于15cm时，可不进行平衡配重。横向对称结构可不进行横向称重。

条文说明

《高速铁路桥涵工程施工技术规程》（Q/CR 9603—2015）第13.5.4条规定：转体施工应进行转体结构稳定、偏心及牵引力计算。偏心值宜为0.05~0.15m。故本规程中规定：7.3.4 当转动体不平衡偏心距小于15cm时，可不进行平衡配重。

7.3.5 梁体配重应符合下列规定：
1 当产生不平衡弯矩时，可利用撑脚或在梁体两端顶面放置配重块消除不平衡弯矩。配重位置的选择应满足主梁结构安全、分散、均匀、横向对称布置要求。
2 配重块与梁体应固定牢靠。
3 配重后结构的偏心距应控制在15cm以内。

7.4 单点支承平转

Ⅰ 试 转 体

7.4.1 正式转体施工前，应进行试转体。

条文说明

正式转体施工前应进行试转体，是为了检查转体结构和设备是否处于正常状态，并为正式转体施工取得实验数据。

7.4.2 试转体前应进行下列准备工作：
1 全面检查转体结构各受力部位，不应有裂纹及异常情况，拆除支架后对转体结构的观察、监测时间不宜少于2h，遇异常情况时应进行处理。
2 转台上应设置弧长及角度观测标尺，并应采用水平激光标线仪作为指针，实施转体角度或转体弧长观测。
3 试转体前应按正式转体要求安装动力设备、监控设备，各设备应进行调试，并应运转正常。

7.4.3 试转体参数测试应符合下列要求：
1 试转体开始后应分级加载至结构开始转动，并应记录启动牵引力及转动牵引力。
2 试转体时应记录转动时间和速度，并应根据实测结果与计算结果比对调整转速。试转速度应达到正式设计转体速度。
3 试转体时应记录转动体惯性控制距离以及点动一次悬臂端所转动水平弧线距离。

7.4.4 试转体结束后应对转动体进行临时固结，临时固结应平衡、对称进行。

Ⅱ 正式转体

7.4.5 转动控制可采用计算机同步控制技术进行分级张拉牵引同步控制，各台千斤顶的行程差不应大于1mm。

条文说明

正式转体应根据试转体所得到的数据，作为采用分级张拉牵引索的依据。

7.4.6 牵引千斤顶应使梁体按设计速度匀速转动，转体过程中应对梁体、墩柱进行实时观测，并应根据观测数据指导转体施工。

7.4.7 转体时应控制转速均匀，平转角速度宜根据墩高和主梁悬臂长度进行确定：
1 墩高20m以下且主梁单侧悬臂长度80m以下时，角速度宜控制在0.04rad/min以下。
2 墩高超过20m或主梁单侧悬臂长度超过80m时，角速度宜控制在0.03rad/min以下。

条文说明

从现有的工程实例及相关研究来看，0.01~0.02rad/min的平转角速度限制偏保守。考虑到干线铁路垂直天窗点的时长一般在120min以下，当转角为90°且转速取用0.01rad/min时，需要157min，在一个天窗点内无法完成转体。跨线桥的斜交角度不宜小于60°，则转体角度一般不大于120°，铁路天窗点多在90~120min，转体有效时间在70~100min之间，因此转体角速度下限值宜为0.02rad/min。

匀速及加速平转产生的截面附加应力均随着转体悬臂长度的增大而增大，宜结合主梁悬臂长度选择合理转体速度。悬臂较小时，选择大的角速度；悬臂较大时，选择相对小的角速度。

据统计，公跨铁转体桥一次跨越1~2股铁路的情况占70%，主梁单侧悬臂长度在

80m以内。根据北京工业大学和中船双瑞（洛阳）特种装备股份有限公司联合开展的转体模型试验以及津石高速公路上跨京九铁路立交桥、京德高速公路上跨津霸铁路立交桥转体实践，确定墩高20m以下且主梁单侧悬臂长度80m以下时，角速度宜控制在0.04rad/min以下；墩高超过20m或主梁单侧悬臂长度超过80m时，角速度宜控制在0.03rad/min以下。

7.4.8 转体接近设计位置1m时应降低平转速度，距设计位置0.5m时应采用点动牵引法就位。

条文说明

《高速铁路桥涵工程施工技术规程》（Q/CR 9603—2015）第13.5.9条规定：平转接近设计位置1m时降低平转速度，距设计位置0.5m时采用点动牵引法就位。本规程与此规定一致。

7.4.9 助推系统应由助推千斤顶和助推反力座组成，当转动体摩擦阻力大于连续千斤顶额定牵引力，无法正常转体时应启动助推系统。

Ⅲ 纠 偏

7.4.10 桥梁转体就位后，姿态调整流程可按图7.4.10执行。

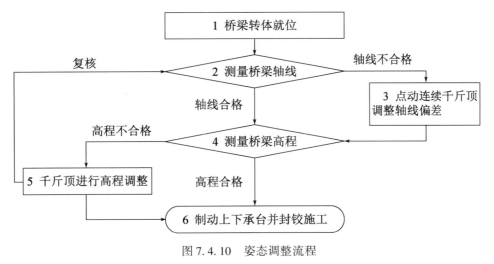

图7.4.10 姿态调整流程

条文说明

可在第2阶段和第4阶段进行测量复核，阶段3和阶段5可省略。

7.4.11 姿态调整时应以调整梁体线形为主，可按照垂直度、平面高程和轴线的顺序交替进行，观测数据应考虑温度的影响，应以两侧合龙误差均衡为原则进行姿态调整。

转体就位后梁体允许偏差应符合本规程表 9.2.7 的规定。

7.4.12 桥轴线两侧对称于转盘中心位置的上、下承台间应设置姿态调整千斤顶，精确调整梁体整体横桥向的倾斜及纵桥向梁体高程，精度应满足设计及相关规范要求。

7.4.13 轴线偏差宜采用连续千斤顶点动控制来调整，精确就位后，宜用撑脚安装限位装置，限制结构转动。

7.4.14 两端的悬臂梁段采取施加水平推力的方式调整梁体的应力时，千斤顶的施力应对称、均衡。

7.4.15 转体就位后，应对转体梁段全面测量检查，应精确测量、调整中线位置，并应利用千斤顶调整梁体端部高程。梁体姿态调整完成后应采用楔形块锁紧固定转盘撑脚。

Ⅳ 转体系统固结

7.4.16 转体桥梁姿态调整就位后应尽快浇筑转盘封固混凝土，并应符合下列要求：
1 封铰前，应对转盘间的浇筑面进行凿毛处理，浇筑时宜采用自密实混凝土，混凝土强度等级应不小于上、下转盘混凝土强度等级。
2 封固混凝土为大体积混凝土时，应采取减少混凝土收缩及水化热的措施。
3 封固混凝土应振捣密实，不得有缝隙或空隙，养护时间应不少于 14d，对易产生缝隙或空隙的部位宜采用灌浆和压浆进行处理。

7.4.17 临时固结立柱的抗扭能力应满足转体施工要求。

Ⅴ 合 龙

7.4.18 转体结构平转就位后，应对悬臂梁段的轴线、高程和梁长受温度影响的偏移值进行观测和调整，并应根据实际观测值进行合龙的施工计算，确定准确的合龙温度、合龙时间及合龙程序。

7.4.19 合龙时宜采取措施将合龙口两侧的悬臂端进行临时刚性连接，再浇筑合龙段混凝土。

条文说明

在浇筑合龙段混凝土前将两端悬臂临时刚性连接的目的，是保护合龙段混凝土在形成强度之前不会承受额外的拉压应力。

7.4.20 合龙段的混凝土宜在一天中气温最低且稳定的时段内浇筑，当合龙温度与设计计算温度相差较大时，应考虑温度影响修正合龙高程。

7.4.21 合龙施工宜采用挂篮法、吊架法或支架法，并应符合下列规定：
1 合龙段支架、挂篮、吊架应进行专项设计，其强度、刚度、稳定性应满足相关要求。
2 挂篮法施工时，挂篮总重量应在设计限重之内，挂篮允许最大变形应为20mm。
3 挂篮法安装就位后应调平、测高程，混凝土浇筑前应再次复测高程。
4 支架基础应满足承载力要求，基础顶面应高于周围原地面，四周应设排水设施。
5 合龙段位于既有道路、河流、铁路等上方不易搭设支架时，可采用吊架法合龙。
6 吊架法施工时应在梁体相应位置设置合龙段吊架预埋件，吊架宜采用电动吊架。

7.4.22 合龙施工时，合龙口两侧应设置配重，配重可采用水箱、砂袋、混凝土预制块等。

7.4.23 合龙顺序应满足设计要求，设计无要求时，应先封盘后合龙。合龙时宜先边跨、后中跨；多跨一次合龙时，应同时均衡对称进行，优先施工跨越障碍物的合龙段，再施工其他合龙段。

7.4.24 合龙施工应控制拱肋的高程和轴线，合龙偏差应符合相关规范要求。

7.4.25 合龙施工时，在桥面上设置的全部临时施工荷载应符合施工控制的要求。对预应力混凝土连续梁，合龙后应在规定时间内拆除墩梁临时固结装置，并应按设计要求的程序完成体系转换和支座反力调整。

条文说明

预应力混凝土连续梁在悬臂浇筑施工时，是静定结构体系，梁与墩是临时固结，合龙后转换为超静定结构体系。因此，在转换体系时，应将临时固结尽快解除，将梁落于永久支座上，并按高程调整支座高度和反力。这些工作均应按设计的规定进行。

7.4.26 连续梁墩顶平转施工时，合龙后顶梁及永久支座安装应符合下列规定：
1 可根据设计或实际需要设立临时支墩，作为转体就位后保持梁体平衡的临时支撑及转体限位装置使用。
2 安装永久支座前的顶梁作业，其起顶高度不得超过设计值，设计无规定时，一次最大顶升高度不应超过5mm。顶、落梁时应以支点反力控制施工，可在不大于计算支点反力值±10%范围内调整梁底高程。
3 永久支座安装就位、体系转换完成后，应取出球铰定位销，对球铰处进行密封。

7.5 多点支承平转

Ⅰ 试 转 体

7.5.1 多点支承平转系统桥梁试转体前应进行下列准备工作：
1 试转体前应对辅助支承系统和动力系统进行检查验收，滑道支架及辅助支承等应无变形、开裂及其他异常情况，如有异常情况，应进行处理。
2 试转体前，其他准备工作应符合本规程第7.4.2条的规定。

7.5.2 多点支承平转系统桥梁试转体时，应符合本规程第7.4.3条的规定，并应符合下列要求：
1 试转体时应分级加载至结构开始匀速转动。
2 试转体过程中应对转体结构、辅助支承系统工作情况进行监测观察，遇异常情况应停止试转体，并应进行处理。
3 采用电机齿轮齿条驱动辅助支撑的多点支撑平转系统试转时，应记录转动体转动的速度以及转动体启动和匀速转动时电机的电流。

Ⅱ 正 式 转 体

7.5.3 转体启动时应采用分级提速转动直至达到设计转速为止，转动体制动时应采用分级制动，直至转动体停止。

7.5.4 钢绞线牵引上转盘的多点支承平转系统和钢绞线牵引辅助支承的多点支承平转系统正式转体时，应符合本规程第7.4.5~7.4.9条的规定。

7.5.5 采用电机齿轮齿条驱动辅助支撑的多点支撑平转系统正式转体时，应符合下列要求：
1 滚轮小车应按设计速度进行匀速转动，转体过程中应对梁体、转动结构、辅助支腿、滚动小车进行实时观测，并应根据观测数据指导转体施工。
2 辅助支撑各部分结构在转体过程中应无变形和开焊问题。
3 电机减速机在转体过程中，应保持转动正常，无异响现象。
4 齿轮与齿条的啮合状态应保证正常，无啃齿现象。

7.5.6 多点支承转体系统，其转体角速度不宜大于0.04rad/min。

条文说明

目前尚无相关规范对多点支承转体时的角速度和梁体悬臂端线速度进行明确规定，考虑到多点支承转体系统的稳定性较单点支承转体系统的稳定性较好，故本规程规定转体角速度不宜大于 0.04rad/min。

Ⅲ 纠 偏

7.5.7 多点支承平转系统桥梁纠偏、姿态调整应符合本规程第 7.4.10~7.4.15 条的规定。

Ⅳ 转体系统固结

7.5.8 多点支承转体系统固结应符合本规程第 7.4.16、7.4.17 条的规定，电机齿轮齿条驱动辅助支撑的多点支撑平转系统，转体系统固结前应将辅助支承拆除。

Ⅴ 合 龙

7.5.9 多点支承转体桥梁合龙应符合本规程第 7.4.18~7.4.26 条的规定。

7.6 竖转

7.6.1 转动体应有足够的强度、刚度及稳定性，承力吊点位置应按设计要求布置。

7.6.2 竖转场地、设施及设备应符合下列要求：
1 竖转的提升塔架结构、压塔索、扣索及锚索结构应符合设计要求，未经检查验收，不得进行竖转。
2 提升塔架应与拱座应固结，扣索及锚索与提升塔架纵向应连接牢固；提升塔架应设置上下步梯，塔顶工作平台、栏杆、踢脚板等。
3 竖转起吊设备应采用连续提升千斤顶，使用前，千斤顶、控制柜应进行试运行。

Ⅰ 试 转 体

7.6.3 竖转前的准备应符合下列要求：
1 竖转前，应对主拱肋拼装几何线形、转体结构整体质量、拱座混凝土强度等进行检查验收。
2 测量监测组应对安装布设的监测点、导线进行检查，并应对提升塔架监测点的内力、温度等进行初读数。
3 安装千斤顶，连接控制系统，对扣索、锚索、压塔索进行预紧，各索应垂度均匀，受力均衡。

7.6.4 试转体过程中应进行脱架测试，千斤顶宜按照 20%、40%、60%、80% 荷载，逐级加载至完全托架，最小脱离距离应不小于 10cm。

7.6.5 转动体脱离支架后，应检测关键截面的应力与竖向位移，并应检查前吊点、拱脚、提升塔架鞍部、提升塔架底部、后锚点等关键部位的竖向位移与局部应力，确认符合要求后，方可进行试转体。

Ⅱ 正式转体

7.6.6 正式转体时应用计算机控制液压千斤顶连续、同步放张，千斤顶行程误差应不大于5mm。

7.6.7 正式转体时应缓慢旋转，并应实时监控转动体的扰动，如发现异常应停止转体，待异常解除后恢复转体。

7.6.8 竖转经过临界点前，扣索应保持拉紧状态，转动体下部应设置千斤顶。

条文说明

临界点是指转动体重心与转心重合的点，转动体经过临界点时，其受力体系会发生改变。竖向经过临界点前，扣索应保持拉紧状态，转动体下部应设置千斤顶，是为了防止转动体经过临界点时产生冲击。

7.6.9 正式转体应根据竖转角度进行分级张拉，每级加载竖转过程中应保持扣索受力的均匀性和同步性，拱顶在竖转过程中的横向偏位应不超过设计允许值。拱肋合龙高程应准确，两侧对应拱肋的相对高差应控制在允许范围内。

7.6.10 锚索张拉应符合下列规定：
1 锚索应按照上下左右对称、均衡张拉的原则，对桥轴向和斜向尾索分次、分组交叉张拉。
2 张拉一级荷载时，应按照上一级荷载张拉后的伸长值与扣索中的应力进行分析，调整本次张拉荷载，各锚索应受力均衡。
3 锚索张拉荷载达到设计要求后，应对锚索观测和内力监测1~3d，如发现内力损失导致锚索内力相差过大时，应再进行一次锚索张拉，均衡达到设计内力。

7.6.11 在竖转中应不间断地观测吊塔顶部位移、检测锚索与扣索的索力差，其值应控制在设计允许范围以内。提升塔架、地锚、轴铰等设施和设备应设专人检查。

7.6.12 在竖转过程中，应对塔顶位移跟踪观测，实时调整缆风索的索力，并应将提升塔架顶部位移控制在设计允许值以内。

7.6.13 竖转的速度宜不超过0.01rad/min或设计值，提升或下放大质量转体结构宜采用较低的转速，转动过程中应保持平稳。

条文说明

行业标准《公路桥涵施工技术规范》（JTG/T 3650—2020）第 19.5.5 条中规定：竖转速度宜控制在 0.005~0.01rad/min 范围内，提升或下放重力大者宜采用较低的转速，转动过程中应保持平稳。本规程与此规定一致。

Ⅲ 纠 偏

7.6.14 转动体高程偏差宜采用连续千斤顶点动控制来松卸扣索调整，合龙口允许偏差应为±10mm，精确就位后应对转动体进行固结。

Ⅳ 转体系统固结

7.6.15 转动体就位后千斤顶夹持器应夹紧，拉紧缆风索并应尽快封填转铰。

Ⅴ 合 龙

7.6.16 合龙段可采用吊篮或吊架进行施工，并应符合本规程第 7.4.21 条的规定。

7.6.17 合龙后宜及时锁定扣索和锚索，并应进行封铰处理，形成转动体稳定结构。

7.6.18 待合龙位置混凝土达到 85％设计强度后，可按设计要求拆除临时连接钢构件，逐步放松和拆除扣索。

7.6.19 合龙后卸载应遵循对称均衡的原则，分级卸除扣索和锚索，卸除过程中应对拱体的拱轴线和高程以及扣索的内力进行监测，发现异常应进行处理。

7.6.20 全部扣索卸除后，应测量复核拱体的最终轴线位置和高程。

7.6.21 钢管混凝土结构可不设置合龙段，应采用竖转过顶回落方式，通过导向楔板和内衬管定位自动纠偏合龙。

8 转体施工监控

8.1 一般规定

8.1.1 转体施工监控应包含新建项目监控。

8.1.2 转体施工监控应编制专项监控方案，并应根据施工进度分阶段实施。监控方案应根据项目特点、监测对象、设计要求、精度要求和场地条件等因素综合确定。转体施工监控应做到方案合理、方法可靠、预警准确、报警及时。

8.1.3 转体施工监控所用仪器设备应检定合格。仪器设备的检定、校准及维护应符合国家现行有关标准的规定。

8.1.4 转体施工监控应以施工监控指令文件和施工监控报告的形式实施。

8.1.5 转体施工监控工作流程可按图 8.1.5 执行。

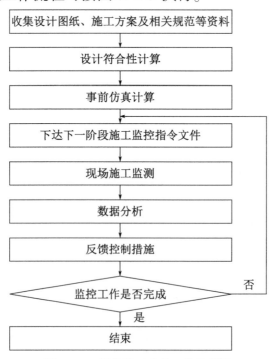

图 8.1.5 转体施工监控工作流程图

8.2 监测内容与方法

8.2.1 转体施工监控可分为结构主体施工监控和转体过程中施工监控。

8.2.2 结构主体施工监控应包括下列内容：
1. 转动体混凝土的浇筑质量。
2. 球铰和环道安装质量与精度。
3. 转动体系布置情况。
4. 称重试验。

8.2.3 正式转体过程中转体施工监控应包括下列内容：
1. 转动牵引力和转动速度。
2. 转体桥梁悬臂端的水平向加速度和竖向振幅。
3. 转体梁端的位移。
4. 转盘及撑脚等关键受力构件的应力变化情况，对于多点支承平转，应重点监控辅助支撑受力情况。
5. 转动体偏心控制。
6. 现场环境，如风速、温度等。

8.2.4 转体桥梁端部加速度和竖向位移振幅，可分别采用加速度传感器和拾振仪测试。水平距离和高程可采用全站仪监控。

8.2.5 应力监测可采用弦振式传感器、光纤式传感器及电阻应变式传感器。

8.2.6 温度监测宜采用铂式热电阻温度传感器和热电偶点温计。

8.2.7 根据项目情况和需求，应对关键截面进行监测。

8.2.8 转盘应力监测点可采用在下转盘设置埋入式振弦应变传感器的方式。

8.2.9 桥梁转体结束后应对全桥进行贯通测量，复核全桥线形、轴线和桥墩的垂直度。

8.3 数据处理与反馈

8.3.1 监控数据分析和反馈控制应包括以下内容：

1　主体结构受力、几何状态识别。
　　2　是否需要对施工发出预警的判定。
　　3　桥梁转体状态是否处于预控状态的判别。
　　4　超出预控状态的桥梁转体误差对后续施工过程结构受力安全与几何状态的影响预测分析。

8.3.2　结构荷载监测数据分析应包括下列内容：
　　1　机具、临时荷载等位置、量值变化的影响。
　　2　混凝土结构尺寸变化的影响。
　　3　混凝土结构预应力管道位置偏差的影响。

8.3.3　结构受力、高程、位移及变形监测数据分析中应计温度的影响。

8.3.4　桥梁转体过程中的受力状态、几何状态可直接根据仿真计算得到的预控数据与现场监测数据之间的差值进行误差量值及方向的识别。

8.3.5　桥梁施工过程误差应符合现行行业标准《公路桥涵施工技术规范》（JTG/T 3650）、《铁路桥涵工程施工安全技术规程》（TB 10303）等标准的规定。

8.3.6　当转体过程中出现监测数据超出设计控制范围时，应立即将信息向施工现场反馈，并应同步进行原因与影响预测分析。

8.3.7　当结构应力超过设计控制预警值时，应及时预警，并应根据风险程度发出整改或暂停施工指令，采取应急监测与防范措施。

8.3.8　桥梁反馈控制应以指令形式实施，并应符合下列要求：
　　1　反馈控制指令应包含桥梁施工过程的信息。
　　2　当桥梁施工超出预控状态但可调控时，反馈控制指令应包括已成结构状态调整指令和下阶段施工指令两部分。
　　3　当需要变更施工工艺或方案时，应及时提出变更指令，由施工单位制定并应按程序审批后实施。
　　4　反馈控制指令应由监理复核并监督现场执行。

8.3.9　桥梁施工过程及成桥状态几何监测值与理论值间误差不符合本规程第9.2.7条的规定时，可采取下列反馈控制措施：
　　1　施工过程及成桥几何状态可调整的桥梁，主体结构高程、尺寸偏差应在当前施工或成桥状态直接调整。

2 施工过程及成桥几何状态不可调整的桥梁，主体结构安装高程和尺寸应以当前施工状态为基础，根据误差影响预测分析结果，对后续的下列施工状态数据进行反馈控制。

8.3.10 桥梁施工过程结构受力状态监测值与理论值误差不符合本规程第9.2.7条的规定时，应在保证结构安全的前提下，采取下列措施：

1 混凝土梁式桥悬臂施工过程中结构应力，可通过减少或调整临时荷载位置改善受力。

2 钢桁结构安装中配重区局部杆件应力，可通过调整临时配重位置、大小改善受力。

3 当因施工工序、工艺不当导致结构受力不利时，应通过调整施工工序、工艺，调整施工过程结构受力状态。

4 当因桥梁结构设计与施工方案匹配性不够导致结构受力不利时，应采取局部加固或增设临时辅助设施等改善后续施工中结构受力状态。

8.3.11 当预测到的极端气温、雪载、风载等超过设计和规范限值时，应及时发布暂停施工或其他应对措施指令。

8.4 监测管理

8.4.1 转体施工监控数据管理应符合下列要求：

1 监测数据应真实、有效，并应做好原始数据的保存工作。

2 监测数据管理应分正常、预警、报警及超限四个级别，预警值、报警值及控制值应按照经审批的监测方案执行。

3 监测报表应按监测方案中的监测频率及时提交工程建设各方，并应定期提交阶段性报告，数据异常时应提交快报。

8.4.2 桥梁转体监控成果应包含转体监控大纲、设计符合性计算报告、转体监控阶段报告以及转体监控总结报告。

8.4.3 转体监控工作完成后，应编制转体监控总结报告，总结报告应包括下列主要内容：

1 工程概况。
2 监测方案概述。
3 现场监测实施情况。
4 监测数据分析。
5 结论与建议。

9 施工质量标准

9.1 一般规定

9.1.1 施工过程质量控制检验应符合下列要求：

1 各工序应按设计文件和施工技术标准进行质量控制，每道工序完成后应进行检查。各工序之间应进行交接检验，并形成记录，未经监理检查认可，不应进行下道工序施工。

2 质量检测报告、检查验收记录和其他工程技术管理资料应及时填写，并应由责任人签字确认。

3 施工质量验收资料的归档、整理应符合相关标准的规定。

9.1.2 材料进场应具备相应的产品合格证、出厂检测报告，并应进行各项原材料的复检。复检不合格的材料，不得投入使用。

9.1.3 施工前应规范上下球铰、定位架、滑道、撑脚、砂箱等转体总成的施工控制指标，验收标准、检测设备及检测方法。

9.1.4 正式转动之前，应全面检查牵引动力系统、转体体系、位控体系，其状态应良好，并应对全桥附近影响转体施工的设施进行检查、清除。

9.1.5 常规非转体工艺、部位施工质量检查与验收应按相关行业标准执行。

9.1.6 桥梁转体施工技术及影视资料的收集和整理工作应与工程进度同步进行，做到系统、完整、真实、准确，保证其具有有效的参考利用价值和完备的质量责任追溯功能，并应按有关规定及时做好资料的归档管理工作。

9.2 质量标准

Ⅰ 平 转 施 工

9.2.1 球铰在加工制造过程中，各项指标应符合下列规定：
1 球铰各部件的外形尺寸及公差符合设计图纸要求。

2 各部件组焊时应按焊接工艺要求操作,并应控制焊接变形。焊缝应光滑平整,无咬边、气孔、夹渣等缺陷。

3 上球铰的滑动球面表面应光滑,其表面粗糙度应不大于Ra3.2。

4 凸、凹球面各处的曲率半径应相等,误差应为±2mm。

5 球铰球面的水平截面应为圆形,其椭圆度应不大于1.5mm。

6 下球铰镶嵌的球面滑板顶面应在同一球面上,误差应不大于滑片承压直径的0.3‰,球心应与下球铰凹球面的球心重合。

7 上、下球铰的中心轴线应重合,误差应不大于1mm。

9.2.2 钢制球铰安装的允许偏差和检验方法应符合表9.2.2的规定。

表9.2.2 钢制球铰安装的允许偏差和检验方法

序号	项目	允许偏差 球铰	检验方法
1	转铰边缘相对高程	±1mm	水准仪、钢钢尺
2	定位销轴套管中心轴与球铰中心轴重合	≤1mm	直接测量
3	钢管中心轴垂直度	≤2‰	经纬仪
4	同心圆球面滑板顶高程	±1mm	水准仪、钢钢尺
5	上球铰与下球铰连接后,球铰转动中心位置	顺桥向±1mm,横桥向±1mm	水准仪

9.2.3 转体支座安装的允许偏差和检验方法应符合表9.2.3的规定。

表9.2.3 转体支座安装的允许偏差和检验方法

序号	项目	允许偏差	检验方法
1	垫石顶面高程	±2mm	水准仪
2	垫石预留锚棒孔中心及对角线位置	±10mm	直接测量
3	转体支座中心位置	≤2mm	经纬仪
4	转体支座水平度	±2mm	水准仪、钢钢尺

9.2.4 反力座施工的轴线允许偏差应为±10mm;反力座顶面高程允许偏差应为±10mm。

9.2.5 上转盘施工中,底模支承应牢固,下沉量应不大于5mm,采用砂箱时应使用经过筛分、颗粒均匀的干燥石英砂,砂箱应经预压方可使用。

9.2.6 浇筑于上转盘的撑脚应均匀对称布置,撑脚下端与下环道的间隙应保证转体时有10~20mm的间距,撑脚在转动前应进行临时固定,撑脚高度安装的允许偏差应为±2mm。

9.2.7 转体就位后应对梁体高程及轴线进行测量，并对梁体轴线、横向倾斜及高程的偏差进行调整。转体就位后，梁体允许偏差应符合行业相关标准的规定。

条文说明

对于公路工程、市政工程等转体就位后梁体允许偏差，梁体转动完成后的质量标准应符合表 9-1 的规定。

表 9-1 转体完成时桥梁的质量标准

序号	项目		允许偏差（mm）
1	混凝土强度		符合设计要求
2	轴线偏差	$L \leq 100m$	10
		$L > 100m$	$L/10000$
3	顶面高程	$L \leq 100m$	±20
		$L > 100m$	$L/5000$
		相邻节段高差	10
4	断面尺寸	高度	+5，-10
		顶宽	±30
		顶底腹板厚	+10，0
5	同跨对称点高程差	$L \leq 100m$	20
		$L > 100m$	$L/5000$

对于铁路工程所允许偏差，参考《高速铁路桥涵工程施工质量验收标准》（TB 10752—2018）第 10.4.20 条，转体就位后梁体允许偏差应符合表 9-2 的规定。

表 9-2 转体就位后梁体的允许偏差

序号	项目	允许偏差（mm）
1	梁体轴线偏差	不大于 10
2	合龙前两悬臂端相对高差	合龙段长的 1/100 且不大于 15
3	顶面高程	±20

Ⅱ 竖转施工

9.2.8 锚碇系统应按设计文件、规范及相关标准进行验收。

9.2.9 竖转铰施工质量应符合下列规定：

1 转铰安装前应进行检查验收，根据加工制作误差计算安装的实际坐标值，并应按实际坐标值进行调整。

2 铰座基础为混凝土结构时，基础混凝土浇筑时应预埋连接固定铰座的预埋件，并应精确定位；铰座基础为钢结构时，铰座及钢结构基础的加工制作精度应符合设计要求，并应确保安装精度。

3 竖转铰安装时应设置型钢定位支架，在型钢支架上沿横桥向、纵桥向、高程三个方向应布置千斤顶。

4 竖转铰安装过程中应根据竖转铰体系的组成结构、现场实际情况制定安装顺序。

5 竖转铰安装完成后，应按照设计文件及规范要求进行验收，并应设置铰轴锁定装置。

6 铰座旋转中心的安装误差在跨度方向宜控制在±2mm以内，横桥向宜控制在±1mm以内，铰座两端点的高差宜控制在±1mm以内，高程宜控制在±2mm以内。

7 竖转铰轴线安装后应同岸两铰轴线位于同一直线上，且与桥轴线垂直，轴心水平，铰轴线同侧各个方向偏差应控制在±1mm以内，两岸的偏差应控制在±10mm以内。

9.2.10 拱桥竖转施工质量应符合下列规定：

1 拱圈的预制及拼装时应控制拱肋的制作尺寸，构件尺寸的允许偏差应为±5mm，质量偏差应为±2%，拱肋轴线平面、立面的允许偏差应为±10mm。

2 拱肋转体施工时，拱肋预埋段宜用钢定位支架进行精确安装定位，坐标误差应不超过2mm。

3 合龙应控制拱肋的高程和轴线，合龙接口的高程允许偏差应为±10mm，轴线允许偏差应为±5mm。

条文说明

（1）行业标准《公路桥涵施工技术规范》（JTG/T 3650—2020）第19.5.2条规定：采用转体法施工时，应严格控制拱肋的制作尺寸，构件尺寸的允许偏差应为±5mm，质量偏差应为±2%，拱肋轴线平面、立面的允许偏差应为±10mm。本规程的规定与此一致。

（2）行业标准《公路桥涵施工技术规范》（JTG/T 3650—2020）第19.5.3条规定：采用有平衡重平转施工时，合龙应严格控制拱肋的高程和轴线，合龙接口的高程允许偏差应为±10mm，轴线允许偏差应为±5mm。本规程中关于拱肋竖转合龙的精度要求与此一致。

10 安全与环境保护

10.1 一般规定

10.1.1 桥梁转体施工应建立健全质量、环境、职业健康安全管理体系，并应对施工安全、施工安全技术、施工安全作业进行管理与控制。

10.1.2 桥梁转体施工前，应对各种安全危险源进行辨识和评估，制定相应的安全技术措施，并应按既有铁路或公路管理部门要求设置安全防护设施。

10.1.3 建设各方应按规定设置安全管理机构，配备安全管理人员，制定安全生产规章制度，落实安全生产责任。

10.1.4 桥梁转体施工应编制转体应急预案，并组织演练；当桥梁转体过程中发生事故时，应迅速反应，并应按照应急预案的规定进行救援和处理，最大限度地降低事故损失。

10.1.5 转体桥梁跨越铁路施工时，应建立驻站联络员、现场防护员、设备管理单位监控员"三位一体"的安全防护体系。施工单位应与设备管理单位和行车组织单位按施工项目分别签订安全协议。

10.1.6 施工现场应设置必要的安全防护设备、设施和安全警示标志，并应按规定配备、使用劳动防护用品。安全防护设备、设施应经验收合格后方可投入使用。

10.1.7 桥梁转体施工邻近、跨越营业线、既有公路、市政道路时，应执行国家、铁路、公路、市政行业有关安全生产的规定。

10.1.8 桥梁转体法施工过程中的安全管理除应符合本规程的要求外，尚应符合现行行业标准《建筑施工安全检查标准》（JGJ 59）、《施工现场临时用电安全技术规范》（JGJ 46）、《建筑施工高处作业安全技术规范》（JGJ 80）的有关规定。

10.1.9 桥梁转体施工环境保护，应遵循"预防为主、防治结合、综合治理"的原则，并应制订环境保护方案。

10.1.10 桥梁转体施工过程中应实施文明施工，及时清理各种施工垃圾，做到工完场清。

10.1.11 桥梁转体施工过程中，应及时掌握气象、水文和地质灾害等相关信息，并应重视对自然灾害的识别评估、规划预防、监测应急、工程治理工作。

10.2 安全管理

10.2.1 项目经理部应对施工安全做专项调查研究，并应制定相应的安全技术措施。单项工程开工前，管理人员应向施工人员进行安全技术交底。

10.2.2 转体桥梁跨越公路、市政道路施工时，应编制交通导行（过渡）方案，施工占路方案，并应报相关部门审批通过。施工现场交通导行标记应清晰、明确。

10.2.3 桥梁转体施工前应与气象部门联系，选择适宜的天气进行桥梁转体施工，施工时应在48h内无4级以上大风、雨雪雾等恶劣天气。

10.2.4 桥梁转体施工前，所有机具设备、人员不得进入营业线安全界限内，安全防护员应备齐安全防护用品，并应在指定地点进行防护。

10.2.5 桥梁转体过程中应实时观察滑道、梁体等的稳定情况，发现梁体有不稳定现象时应立即通知指挥人员和配合单位防护人员，并应启动相应应急措施。

10.2.6 桥梁转体过程中，作业人员不得在桥面上停留，设备、机具等应固定牢靠。

10.2.7 临时材料、设备堆放应采取防风、稳固措施，小件及轻质物件当日施工完成后应做到工完料清。

10.2.8 桥梁转体施工过程中，若出现异物坠落，应及时与现场带班人员汇报，在防护到位的情况下，进入线路清除异物。

10.2.9 建设各方人员应遵守安全生产有关法律法规及本规程规定，经培训合格方可上岗。桥梁转体设备操作人员应按照国家相关规定经专门的安全作业培训，取得相应资格，方可上岗作业。

10.2.10 桥梁转体施工中的起重吊装、施工用电、现场防火、危险品管理、季节性施工、钢筋、模板和混凝土等施工安全技术，应符合现行行业标准《铁路工程基本作业施工安全技术规程》（TB 10301）的规定。

10.2.11 桥梁转体在营业线附近施工时，人员不得直接或间接通过任何物件，如导线、水源等与营业线接触网的各导线及其连接部件接触。在营业线附近使用的各种车辆、机具设备不得超过机车车辆限界，所有作业人员和接触网应保持2m以上距离。

10.2.12 桥梁转体施工前，应由技术人员对设备操作人员即将在营业线附近进行的作业内容进行书面安全技术交底，双方应在书面交底上签字。

10.2.13 在邻近营业线进行吊装作业前，应提前对施工现场进行调查，确保吊车投影不入侵营业线限界，并应使用白灰画出吊车安全停放区，吊车应停放在安全施工区内进行吊装作业。

10.2.14 施工过程中起吊作业应有专人指挥，大型机械移动时应"一机一人"防护。

10.2.15 设备操作应有专人负责，非指定人员不得随意触动、开启设备按钮和开关。

10.2.16 桥梁转体施工前，应做好转体系统检查工作，并应重点检查球铰、辅助支撑、撑脚等受力部位的工作情况，发现异常情况，应及时停机处理。

10.2.17 桥梁转体施工前应安排专人对桥梁结构存在安全隐患的物体进行清理，需放置在梁面上的物体应放置在连续梁防撞墙内侧。

10.2.18 桥梁转体施工前应与相关部门协商，确定转体时间，向主管部门报送要点方案，在办理审批手续后，应在要点时间内完成桥梁转体作业。

10.2.19 地基与基础工程、墩台、主梁施工作业的安全管理，应确定主要危险源及危害因素，并应符合现行行业标准《铁路工程基本作业施工安全技术规程》（TB 10301）、《铁路桥涵施工技术规程》（TB 10303）、《公路桥涵施工技术规范》（JTG/T 3650）等的规定。

条文说明

（1）地基与基础工程施工作业应考虑下列主要危险源、危害因素：
①地下管线及建（构）筑物等未经探明或标识。
②地下管线及建（构）筑物未按设计或专项施工方案进行保护。

③机械设备未按规定进行检查验收，特种设备未检先用。

④围堰施工时，对其变形、渗水和冲刷等情况不进行监测或发现问题处理不及时。

⑤钢围堰的尺寸、强度、刚度、稳定性不足，顶面高程和锚碇方法等不符合要求。

⑥钢板桩未按规定支护，吊环焊接不牢靠。

⑦打桩机或钻机等高大设备基底不实，支垫不稳固。

⑧深基坑施工调查范围不符合要求。

⑨深基坑开挖未按规定放坡或支护，未按规定监测，基坑降水影响周边环境安全。

⑩基坑临边防护不到位，基坑周边违规堆载或进行动载作业。

⑪挖孔桩（井）等密闭、半密闭空间作业不进行有毒有害气体检测，无通风措施。

⑫作业平台及支撑系统的搭设、连接不牢固。

⑬违规进行爆破作业。

⑭危险处所未按规定设置防护设施和安全标志。

⑮陡坡地段基坑开挖防护措施不当。

⑯劳动防护用品的配备和使用不当。

（2）墩（台）施工中应考虑下列主要危险源、危害因素：

①墩（台）模板未进行专项设计和检算；模板及其拉结、支撑构件的强度不足或安装不符合模板设计要求；模板安装、拆除违反设计或方案要求。

②高墩模板爬升体系未设置保险装置。

③墩（台）身钢筋绑扎、墩帽钢筋笼整体吊装时未设置双排井字架、缆风绳等稳固措施；墩身模板支立时未设置临时锚固设施。

④高大脚手架未进行专项设计、检算和验收，未按照专项施工方案或技术交底进行脚手架搭设、拆除。

⑤脚手板未满铺、固定。

⑥高度超过10m的脚手架未采用阻燃安全网、脚手板。

⑦塔式起重机基础不牢固高处作业爬梯、塔式起重机、客（货）共用电梯、高处作业吊篮、施工升降机、混凝土高压泵送管道等未与桥墩可靠连接。

⑧无资质单位安装、拆卸特种设备；特种设备安装后未经检验合格即投入使用；特种设备无安全技术操作规程。

⑨立体交叉作业未按规定设置安全防护设施和警示标志。

⑩高处作业人员不正确使用劳动防护用品，酒后或疲劳作业。

⑪高处作业未设临边防护缺损。

⑫高处作业违规使用吊笼吊人。

（3）主梁施工作业过程中应考虑下列主要危险源、危害因素：

①大型非标设备的设计、制造、进场验收及安装、拆卸等不符合要求。

②支架的强度、刚度、稳定性不足；地基、基础承载力不足，排水不畅。

③支架材料的型号规格不符合专项施工方案要求。
④支架搭设安装完成后未进行检查验收；预压不符合专项施工方案要求。
⑤支架拼装和拆除不符合专项施工方案要求。
⑥支架部件焊缝开裂未及时发现和处理。
⑦施工过程中，发现异常情况后继续作业。
⑧预应力张拉未设置防护屏障。
⑨桥位主梁施工作业无防风措施；雨季施工无防雷措施。
⑩拆除支架时混凝土强度未达到规定要求，或未按设计要求完。
⑪跨越公路、铁路施工时防护措施不当。
⑫高处作业人员不正确使用劳动防护用品；酒后或疲劳作业。
⑬危险警戒区不明确或范围不足人员在作业区域随意停留、穿行；随意挪动安全警示标志。

10.3 环境保护

10.3.1 桥梁转体施工过程中应采取可靠的扬尘控制措施。转体施工现场的主要道路宜进行硬化处理，并采取覆盖、洒水等措施控制道路扬尘。

10.3.2 桥梁转体施工过程中应采取可靠的降低噪声措施，并应符合现行国家标准《建筑施工场界环境噪声排放标准》（GB 12523）的规定。钢筋加工、混凝土拌制、振捣等施工作业在施工场界的允许噪声级昼间不应大于70dB，夜间不应大于55dB。

10.3.3 桥梁转体施工过程中应采取光污染控制措施。电焊等可能产生强光的施工作业，应采取防弧光外泄的遮挡措施。桥梁转体施工夜间照明应加设灯罩，将透光方向集中在转体施工范围内。

10.3.4 桥梁转体施工梁面及梁段内产生的污水应通过梁体污、雨水管道引排至地面后集中处理，不得在跨越线路、道路、河道上直接排放。

10.3.5 需要占用、移除绿化植物时，应编制专项环境保护方案，明确占用、移除绿化植物的范围及时间，并应报相关部门审批通过。

10.3.6 桥梁施工过程中产生的污水应采取沉淀、隔油等措施进行处理，不得直接排放，污水排放应符合相关规定。洒水、冲洗等用水宜采用非传统水源。

10.3.7 不可循环使用的建筑垃圾应收集到现场封闭式垃圾站，并应清运至指定的地点。可循环使用的建筑垃圾应回收利用，并应进行记录。

附录 A 称重试验

A.0.1 称重与配重实施步骤应符合下列规定：

1 称重前应在上下盘之间布置千斤顶、位移计、压力传感器及配套的抄垫等。

2 千斤顶、位移计应沿梁体纵轴线对称布置，千斤顶宜布置于滑道上，位移计宜布置于转盘边缘。

3 起顶前，用千斤顶顶紧上转盘，降低砂箱高度20~30mm，记录各位移计的初始值，对四周撑脚位置进行标记，测量撑脚底缘线距离滑道面的初始距离。

4 根据监控指令实施分级加载，可根据理论起顶力的20%开始，按照10%的级差加载，直至转体结构发生转动为止，每一级加载完成后，记录各位移计读数，同时测量各撑脚标记点至滑道面的距离。

5 根据监控指令实施分级卸载，每一级卸载完成后，记录各位移计读数，同时测量各撑脚标记点至滑道表的距离。

6 称重完成后，根据测量数据计算转体所需配重及位置。

7 根据监控指令进行配重。

A.0.2 称重试验宜采用球铰转动方式测试不平衡力矩，解除撑脚砂箱等支承体系及上下盘临时锁定后，转动体的平衡形式应包括以下两种：

1 当转动体球铰摩阻力矩 M_Z 大于转动体不平衡力矩 M_G 时，梁体不应发生绕球铰的刚体转动，体系的平衡应由球铰摩阻力矩和转动体不平衡力矩所保持。

2 当转动体球铰摩阻力矩 M_Z 小于转动体不平衡力矩 M_G 时，梁体发生绕球铰的刚体转动，直到撑脚参与工作，体系的平衡由球铰摩阻力矩、转动体不平衡力矩和撑脚对球心的力矩所保持。

A.0.3 静摩阻力矩和转动体不平衡力矩的计算应符合下列规定：

1 当转动体球铰摩阻力矩 M_Z 大于转动体不平衡力矩 M_G 时，支架拆除后，转动体部分在自身的不平衡力矩作用下不应发生转动。此时应进行不平衡称重试验，分别从转动体左侧、右侧支点顶梁，使转动体在沿梁轴线的竖平面内发生逆时针、顺时针方向微小转动（图A.0.3-1），并应记录转动过程中传感器示值和位移计读数。转动体不平衡力矩、静摩阻力矩应按下列公式计算：

$$M_G = \frac{P_右 L_右 - P_左 L_左}{2} \quad (A.0.3-1)$$

$$M_Z = \frac{P_{右}L_{右} + P_{左}L_{左}}{2} \quad \text{(A.0.3-2)}$$

式中：M_G——转动体不平衡力矩（kN·m）；

M_Z——转动体静摩阻力矩（kN·m）；

$P_{左}$、$P_{右}$——梁体发生微小转动时左侧、右侧的支点反力（kN）；

$L_{左}$、$L_{右}$——左、右侧支点力臂（m）。

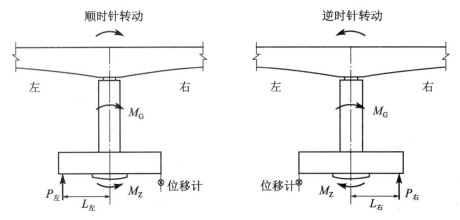

图 A.0.3-1 摩阻力矩大于转动体不平衡力矩时称重示意图

2 当转动体球铰摩阻力矩 M_Z 小于转动体不平衡力矩 M_G 时，支架拆除后，转动体部分在自身的不平衡力矩作用下发生转动。此时应进行不平衡称重试验，转动体右侧支点升顶，发生逆时针方向微小转动，同时左侧支反力为零（图 A.0.3-2）。然后右侧支点落顶，使转动体在沿梁轴线的竖平面内发生顺时针方向微小转动，同时左侧支反力为零。转动过程中应记录荷重传感器示值和位移计读数。转动体不平衡力矩、静摩阻力矩应按下列公式计算：

$$M_G = \frac{(P_{升} + P_{落})L_{右}}{2} \quad \text{(A.0.3-3)}$$

$$M_Z = \frac{(P_{升} - P_{落})L_{右}}{2} \quad \text{(A.0.3-4)}$$

式中：$P_{升}$、$P_{落}$——梁体发生微小转动时升顶、落顶时的支点反力（kN）；

$L_{右}$——右侧支点力臂（m）。

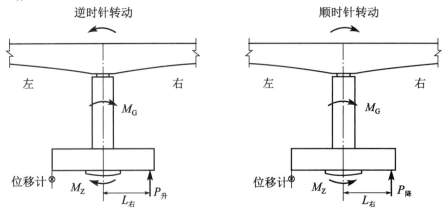

图 A.0.3-2 摩阻力矩小于转动体不平衡力矩时称重示意图

A.0.4 称重试验时，转动体球铰在沿梁轴线的竖平面内发生微小转动，即微小角度的竖转。摩阻力矩为摩擦面每个微面积上的摩擦力对过球铰中心竖转法线的力矩之和。球铰静摩擦系数、转动体偏心距应按下列公式计算：

$$f = \frac{M_Z}{GR} \quad \text{（A.0.4-1）}$$

$$e = \frac{M_G}{G} \quad \text{（A.0.4-2）}$$

式中：R——球铰半径（m）；
　　　G——转动体总重量（kN）。

A.0.5 在 T 构重心偏离的相反一侧应配重，使转体处于全平衡状态，即转体梁的重心线和球铰竖轴线重合。配重应按下式计算：

$$G_P = \frac{Ge}{L - l} \quad \text{（A.0.5）}$$

式中：G_P——理论配重值（kN）；
　　　G——转体重量（kN）；
　　　e——转体偏心距（m）；
　　　L——悬臂长度（m）；
　　　l——配重点距悬臂端的距离（m）。

附录 B 称重试验记录

B.0.1 称重试验顶升力与位移记录宜按表 B.0.1 填写。

表 B.0.1 称重试验顶升力与位移记录

单位工程			桥墩号	
撑脚与滑道接触情况				
纵桥向			横桥向	
小里程侧	接触		线路左侧	有间隙
大里程侧	有间隙		线路右侧	有间隙
称重试验方向（纵桥向/横桥向）			纵桥向	
千斤顶编号				
千斤顶所在位置				
千斤顶离转动中心的距离（m）				
千斤顶顶升临界值（kN）				
序号	千斤顶顶力（kN）		竖向位移计读数（mm）	竖向累计位移量（mm）
记录员			日期	

B.0.2 称重试验计算结果记录宜按表 B.0.2 填写。

表 B.0.2 称重试验计算结果记录

单位工程		桥墩号		转体重（kN）		球铰半径（m）	
称重试验方向（纵桥向/横桥向）				纵桥向			
若摩阻力矩大于不平衡力矩				若摩阻力矩小于不平衡力矩			
左侧千斤顶顶升临界值（kN）		右侧千斤顶顶升临界值（kN）		千斤顶顶升临界值（kN）		千斤顶顶落临界值（kN）	
左侧支点力臂（m）		右侧支点力臂（m）		支点力臂（m）			
静摩擦力矩 M_Z（kN·m）				静摩擦力矩 M_Z（kN·m）			
不平衡力矩 M_G（kN·m）				不平衡力矩 M_G（kN·m）			
静摩擦系数 f				静摩擦系数 f			
偏心矩 e（m）				偏心矩 e（m）			

本规程用词说明

执行本规程条文时，对于严格程度的用词说明如下，以便在执行中区别对待。

1）表示很严格，非这样不可的用词：
正面词采用"必须"，反面词采用"严禁"。

2）表示严格，在正常情况下均应这样做的用词：
正面词采用"应"，反面词采用"不应"或"不得"。

3）表示容许稍有选择，在条件许可时首先应这样做的用词：
正面词采用"宜"，反面词采用"不宜"。

4）表示有选择，在一定条件下可以这样做的，采用"可"。

引用标准规范名录

1 《L-AN 全损耗系统用油》（GB/T 443）
2 《优质碳素结构钢》（GB/T 699）
3 《碳素结构钢》（GB/T 700）
4 《形状和位置公差　未注公差值》（GB/T 1184）
5 《低合金高强度结构钢》（GB/T 1591）
6 《一般公差　未注公差的线性和角度尺寸的公差》（GB/T 1804）
7 《合金结构钢》（GB/T 3077）
8 《不锈钢冷轧钢板和钢带》（GB/T 3280）
9 《起重机设计规范》（GB/T 3811）
10 《预应力混凝土用钢绞线》（GB/T 5224）
11 《起重机　钢丝绳　保养、维护、检验和报废》（GB/T 5972）
12 《铸钢件　超声检测　第1部分：一般用途铸钢件》（GB/T 7233.1）
13 《通用锂基润滑脂》（GB/T 7324）
14 《结构用无缝钢管》（GB/T 8162）
15 《一般工程用铸造碳钢件》（GB/T 11352）
16 《建筑施工场界环境噪声排放标准》（GB 12523）
17 《锌铬涂层　技术条件》（GB/T 18684）
18 《钢结构设计标准》（GB 50017）
19 《建筑结构荷载规范》（GB 50009）
20 《城市桥梁工程施工与质量验收规范》（CJJ 2）
21 《城市轨道交通桥梁工程施工及验收标准》（CJJ/T 290）
22 《工程机械　焊接件通用技术条件》（JB/T 5943）
23 《大型低合金钢铸件　技术条件》（JB/T 6402）
24 《公路桥梁抗风设计规范》（JTG/T 3360-01）
25 《公路桥涵地基与基础设计规范》（JTG 3363）
26 《公路桥涵施工技术规范》（JTG/T 3650）
27 《桥梁支座用高分子材料滑板》（JT/T 901）
28 《预应力用液压千斤顶》（JG/T 321）
29 《钢筋焊接及验收规程》（JGJ 18）
30 《施工现场临时用电安全技术规范》（JGJ 46）

31 《建筑施工安全检查标准》（JGJ 59）
32 《建筑施工高处作业安全技术规范》（JGJ 80）
33 《铁路桥涵混凝土结构设计规范》（TB 10092）
34 《铁路桥涵工程施工安全技术规程》（TB 10303）
35 《铁路桥涵工程施工质量验收标准》（TB 10415）
36 《高速铁路桥涵工程施工质量验收标准》（TB 10752）

涉及专利和专有技术名录

[1] 中铁十一局集团第一工程有限公司．一种转体桥梁滑道高程测量尺垫：中国，ZL202121019759.6［P］．2021-02.

[2] 中铁十一局集团第四工程有限公司．斜腿刚构桥背索平衡单边悬臂灌筑梁体的施工方法：中国，ZL2009102380.3［P］．2011-04.

[3] 中铁十一局集团第二工程有限公司．前支承结构安装方法和桥梁转体系统：中国，ZL201810409608.8［P］．2020-05.

[4] 中铁十一局集团第二工程有限公司．一种桥梁转体牵引索定位装置：中国，ZL 201720651187.0［P］．2017-12.

[5] 中铁十一局集团第二工程有限公司．一种挂篮底部防护装置：中国，ZL 201720651210.6［P］．2017-12.

[6] 中铁十一局集团第二工程有限公司．一种用于混凝土结构模板拉杆抽拔的装置：中国，ZL201721367685.9［P］．2018-05.

[7] 中铁十一局集团第二工程有限公司．一种预应力孔道成孔的保护装置：中国，ZL201721366759.7［P］．2018-11.

[8] 中铁十一局集团第二工程有限公司．前支承结构和桥梁转体系统：中国，ZL201820647364.2［P］．2018-11.

[9] 中铁十一局集团第二工程有限公司．一种辅助支承轨道装置以及辅助支承系统：中国，ZL201820647365.7［P］．2018-05.

[10] 中铁十一局集团第二工程有限公司．一种桥梁辅助支承滚动车以及辅助支承轨道梁：中国，ZL201820647441.4［P］．2018-08.

[11] 中铁十一局集团第二工程有限公司．一种桥梁转体系统：中国，ZL201820647442.9［P］．2018-08.

[12] 中铁十一局集团第二工程有限公司．一种辅助支承驱动装置及辅助支承系统：中国，ZL201820648698.1［P］．2018-08.

[13] 中铁十一局集团第二工程有限公司．一种辅助支承装置以及桥梁转体系统：中国，ZL201820648713.2［P］．2018-11.

[14] 中铁十一局集团第二工程有限公司．一种支承系统和转体系统：中国，ZL201820647443.3［P］．2018-08.

[15] 中铁十一局集团第二工程有限公司．一种辅助支承控制装置及辅助支承系

统：中国，ZL201820648729.3［P］．2019-08.

［16］洛阳双瑞特种装备有限公司．一种具有环形与放射状组合筋板的球铰：中国，ZL201220561277.8［P］．2013-06.

［17］洛阳双瑞特种装备有限公司．一种带非金属滑板的盖板的球铰振捣孔结构：中国，ZL201210422203.0［P］．2014-10.

［18］洛阳双瑞特种装备有限公司．一种钢梁用桥墩顶部转体装置：中国，ZL201620987348.9［P］．2017-03.

［19］洛阳双瑞特种装备有限公司．一种具有自定心功能桥梁转体施工用转体球铰：中国，ZL201620983341.X［P］．2017-04.

［20］洛阳双瑞特种装备有限公司．一种桥梁转体施工用转体装置：中国，ZL201620983324.6［P］．2017-05.

［21］洛阳双瑞特种装备有限公司．一种转体球铰：中国，ZL201621126727.5［P］．2017-06.

［22］洛阳双瑞特种装备有限公司．一种钢梁用桥墩顶部转体装置：中国，ZL201610763688.8［P］．2018-08.

［23］洛阳双瑞特种装备有限公司．一种具有自定心功能桥梁转体施工用转体球铰：中国，ZL201610763711.3［P］．2018-08.

［24］洛阳双瑞特种装备有限公司．一种具有防落梁功能的墩顶转体球铰及转体方法：中国，ZL201810066574.7［P］．2020-08.

［25］中铁第五勘察设计院集团有限公司．桥梁转体施工装置：中国，ZL202021968921.4［P］．2021-03.

［26］中铁第五勘察设计院集团有限公司，河北宝力工程装备股份有限公司．桥梁回转系统：中国，ZL202022497430.2［P］．2020-11.

［27］中铁第五勘察设计院集团有限公司，北京铁五院工程机械有限公司．桥梁转体钢球铰用接力顶推装置：中国，ZL201420521854.X［P］．2014-09.

［28］中铁第五勘察设计院集团有限公司，北京铁五院工程机械有限公司．可拆卸桥梁转体钢支座用下球铰：中国，ZL201420521212.X［P］．2014-09.

［29］中铁第五勘察设计院集团有限公司，北京铁五院工程机械有限公司．转体钢球铰下球铰：中国，ZL201420609378.7［P］．2014-10.

［30］中铁第五勘察设计院集团有限公司，北京铁五院工程机械有限公司．转体钢球铰中的下球铰的滑块定位系统：中国，ZL201420591928.7［P］．2014-10.

［31］中铁第五勘察设计院集团有限公司，北京铁五院工程机械有限公司．一种桥梁转体施工用转体球铰加工方法：中国，ZL201410539662.6［P］．2014-10.

［32］中铁第五勘察设计院集团有限公司，北京铁五院工程机械有限公司．桥梁转体成套设备：中国，ZL201420561158.1［P］．2014-09.

［33］中铁第五勘察设计院集团有限公司．不平衡桥梁转体系统：中国，

ZL202020680549.0 [P] .2020-04.

[34] 中铁第五勘察设计院集团有限公司,北京铁五院工程机械有限公司. 用于桥梁转体施工的转体球铰钢骨架系统:中国,ZL201420609681.7 [P] .2014-10.

[35] 中铁第五勘察设计院集团有限公司. 一种带防护结构的地下桥梁转体装置:中国 ZL201620517521.9 [P] .2016-05.

[36] 中铁第五勘察设计院集团有限公司. 一种斜拉桥转体施工称重结构及称重方法:中国,ZL201610377534.5 [P] .2016-05.

[37] 中铁四院集团广州设计院有限公司,中铁第五勘察设计院集团有限公司. 可实现墩顶转体功能的桥梁支座:中国,ZL201922485486.3 [P] .2020-10.